AF279645

Tecnologías que apoyan la economía circular en alojamientos turísticos en la era post covid. HOTT02

Judith Abeleira Carrasco

ic editorial

Tecnologías que apoyan la economía circular en alojamientos turísticos en la era post covid. HOTT02
© Judith Abeleira Carrasco

1ª Edición

© IC Editorial, 2025

Editado por: IC Editorial
c/ Cueva de Viera, 2, Local 3
Centro Negocios CADI
29200 Antequera (Málaga)
Teléfono: 952 70 60 04
Fax: 952 84 55 03
Correo electrónico: iceditorial@iceditorial.com
Internet: www.iceditorial.com

IC Editorial ha puesto el máximo empeño en ofrecer una información completa y precisa. Sin embargo, no asume ninguna responsabilidad derivada de su uso, ni tampoco la violación de patentes ni otros derechos de terceras partes que pudieran ocurrir. Mediante esta publicación se pretende proporcionar unos conocimientos precisos y acreditados sobre el tema tratado. Su venta no supone para **IC Editorial** ninguna forma de asistencia legal, administrativa ni de ningún otro tipo.

Reservados todos los derechos de publicación en cualquier idioma.

Cualquier forma de reproducción, distribución, comunicación pública o transformación de esta obra solo puede ser realizada con la autorización de sus titulares, salvo excepción prevista por la ley. Diríjase a CEDRO (Centro Español de Derechos Reprográficos) si necesita fotocopiar o escanear algún fragmento de esta obra (www.cedro.org).

Según el Código Penal, el contenido está protegido por la ley vigente que establece penas de prisión y/o multas a quienes intencionadamente reprodujeren o plagiaren, en todo o en parte, una obra literaria, artística o científica.

ISBN: 978-84-1184-661-5
Depósito Legal: MA 392-2025

Impresión: PODiPrint
Impreso en Andalucía – España

Nota de la editorial: IC Editorial pertenece a Innovación y Cualificación S. L.

Especialidad formativa

Se entiende por especialidad formativa la agrupación de contenidos, competencias profesionales y especificaciones técnicas que responde a un conjunto de actividades de trabajo enmarcadas en una fase del proceso de producción y con funciones afines.

Las especialidades formativas de Uso General, Formación Complementaria, Formación Modular y las especialidades formativas dirigidas a la obtención de certificados de profesionalidad se incluyen en el Fichero de Especialidades del Servicio Público de Empleo Estatal para su gestión en todo el territorio nacional por cualquier Administración competente.

Las especialidades complementarias, pertenecen todas a la Familia profesional de Formación Complementaria (FCO) y tienen la consideración de formación transversal en áreas que se consideran prioritarias tanto en el marco de la Estrategia Europea para el Empleo y del Sistema Nacional de Empleo como en las directrices establecidas por la Unión Europea. Se consideran áreas prioritarias las relativas a tecnologías de la información y la comunicación, la prevención de riesgos laborales, la sensibilización en medio ambiente, la promoción de la igualdad, la orientación profesional y aquellas otras que se establezcan por la Administración competente.

Las especialidades de Certificado de profesionalidad tienen una duración especificada en su normativa reguladora.

En el resultado de la búsqueda, se muestran las unidades de competencia, todos los módulos formativos con su duración y las unidades formativas del certificado correspondiente, con su duración. Las horas del certificado, exclusivo de las especialidades de certificado de profesionalidad, con alta igual o superior a 2008, son las horas totales más las horas del módulo de Prácticas Profesionales no Laborales.

- **Si la especialidad tiene unidades formativas,** las horas totales, presencial, distancia, teleformación serán igual a la suma de esas horas de las unidades formativas de los distintos módulos, sin que se repita ninguna Unidad formativa.

Ⴢ **Si la especialidad no tiene unidades formativas,** las horas totales, presencial, distancia, teleformación serán igual a las sumas de esas horas de los módulos formativos, eliminando las horas de los módulos repetidos.

https://sede.sepe.gob.es/especialidadesformativas/RXBuscadorEFRED/BusquedaEspecialidades.do

(Fuente: Servicio Público de Empleo Estatal)

Índice

OBJETIVOS GENERALES

Los objetivos generales del **HOTT02. Tecnologías que apoyan a la economía circular en alojamientos turísticos en la era post COVID,** son los siguientes:

- ⮑ Analizar las tecnologías que ayuden a cumplir con los requisitos de la economía circular contando con las indicaciones de la época pos-COVID.
- ⮑ Conocer las ventajas e inconvenientes de la economía circular y el turismo circular, y las tecnologías aplicadas a ambos conceptos.
- ⮑ Conocer en qué consiste el turismo sostenible como tendencia en la era pos-COVID.
- ⮑ Identificar las características propias de la economía circular.
- ⮑ Diferenciar la definición y características del turismo circular.
- ⮑ Conocer y utilizar las herramientas que permitan a los establecimientos turísticos aplicar la economía circular y adaptarla al panorama actual del sector tras las condiciones derivadas de la alerta sanitaria.
- ⮑ Distinguir las estrategias de la economía circular para aplicarlas en el sector turístico.
- ⮑ Identificar las características de los destinos turísticos inteligentes y circulares.

Aproximación a la sostenibilidad y concepto circular

Contenido

1. Identificación de las características de los destinos turísticos inteligentes y circulares
2. Identificación de las características de la economía circular
3. Determinación del concepto y características de turismo circular

Objetivo

El objetivo general de este Módulo Formativo es:

→ Analizar las tecnologías que ayuden a cumplir con los requisitos de la economía circular contando con las indicaciones de la época pos-COVID.

Identificación de las características de los destinos turísticos inteligentes y circulares

Contenido

Objetivos

El objetivo general de esta Unidad de Aprendizaje es:

→ Aprender en qué consiste el turismo sostenible como tendencia en la era pos-COVID.

Los objetivos específicos de esta Unidad de Aprendizaje son:

→ Conocer los pilares básicos del turismo sostenible.

→ Aprender los aspectos a tener en cuenta en el camino hacia el turismo sostenible.

→ Diferenciar los principios e hitos del turismo sostenible.

1. Introducción

En la presente unidad de aprendizaje vamos a estudiar todo lo relativo al turismo sostenible como una de las tendencias turísticas en la era pos-COVID.

En el año 2020, la sociedad sufrió una pandemia a nivel mundial que ha marcado un antes y un después en la historia reciente de la humanidad. Después de temporadas de confinamiento, los individuos hemos vuelto a retomar costumbres anteriores a la pandemia como la actividad de viajar. Sin embargo, ahora existe la obligación y/o recomendación de adoptar medidas de prevención, no solo del COVID, sino para otros posibles virus que pudieran provocar de nuevo otra pandemia.

A su vez, coincide en el tiempo con la propuesta mundial de la Agenda 2030 que propone 17 objetivos de desarrollo sostenible, y que se pretende que sea de aplicación en los diferentes países, actividades y empresas, entre ellas, la industria turística. Por eso, vamos a estudiar la amplitud del concepto de turismo sostenible en todos sus aspectos o ámbitos.

Para ello, vamos a seguir un hilo conductor a lo largo de los contenidos que será la implantación de Hotelasa. Un hotel pequeño de 50 habitaciones que se va a ubicar en un pueblo de 3.000 habitantes, aproximadamente, situado en un entorno rural, en una comarca de diez municipios muy pequeños y distanciados entre sí a unos 10 km entre ellos, más o menos. Este hotel está ubicado en un antiguo palacio abandonado que ha sido reconstruido y reformado por una cadena hotelera nacional que lo adquirió hace dos años.

2. El camino hacia la sostenibilidad turística

 **HILO CONDUCTOR**

Una cadena hotelera española adquirió, hace dos años, un palacio abandonado en un pueblecito de apenas 3.000 habitantes. Lo han reformado y reconstruido y ahora van a montar un hotel de 50 habitaciones, Hotelasa. Pedro va a ser el gerente de dicho hotel, por tanto, sus jefes de Madrid han delegado en él para que se encargue de arrancar esta nueva andadura. La política de empresa es que el hotel sea sostenible, porque, con los tiempos que corren, deben seguir ese tipo de políticas. Pedro debe averiguar cuál es el concepto de turismo sostenible para así poder integrar las estrategias en la planificación de la empresa.

Si buscamos en la RAE el significado de sostenible, nos dice: "especialmente en ecología y economía, que se puede mantener durante largo tiempo sin agotar los recursos o causar grave daño al medioambiente".

De esta definición podríamos afirmar que la sostenibilidad es el conjunto de acciones encaminadas a que algo perdure en el tiempo sin agotar los recursos y sin perjudicar gravemente al medioambiente.

La sostenibilidad se basa en cinco pilares:

El principal objetivo actual del sector turístico es alcanzar la plena sostenibilidad. Por eso, los destinos turísticos se enfocan hacia el turismo sostenible.

El turismo actual tiene que tener en cuenta las consecuencias actuales y futuras en cada uno de los pilares de la sostenibilidad, al mismo tiempo que debe tratar de satisfacer las necesidades de los visitantes, de la industria turística, el entorno y las comunidades anfitrionas del destino.

El turismo juega un papel relevante en la conservación de la biodiversidad minimizando su impacto en el medioambiente en el presente y futuro. La industria turística trata de generar ingresos y empleo en el destino, causando bajo impacto en el entorno social.

- **Definición de sostenibilidad turística:** la sostenibilidad turística es la capacidad o habilidad de mantener, a largo plazo, la actividad turística sin agotar los recursos naturales, sin perjudicar al medioambiente ni a las comunidades locales. Para ello, tanto las instituciones u organismos oficiales, los destinos y las empresas turísticas deben planificar, diseñar y programar políticas y procesos que conduzcan al objetivo de trabajar de la manera más sostenible posible.

- **Responsabilidad ambiental:** el sector turístico debe reducir el impacto medioambiental en los destinos, es decir, debe aplicar medidas *ecofriendly* o "amigas de lo ecológico" en todos los aspectos: gestión de residuos, consumo responsable de suministros (agua, luz y gas), reducción de la polución, disminución de ruidos, gestión de aguas residuales, conservación de la biodiversidad, naturaleza y ecosistemas locales.
- **Desarrollo de infraestructuras sostenibles:** los destinos turísticos deben enfocarse en que su infraestructura sea sostenible y no cause impacto negativo en el medioambiente, optimizando la gestión de residuos, fomentando el uso de las energías renovables, fomentando el uso de transporte público, etc.
- **Implicación de las comunidades locales:** para conseguir todas las propuestas mencionadas, es imprescindible el compromiso de las comunidades locales, esto es, organismos y entidades públicas como los ayuntamientos de los municipios, la diputación provincial, la comunidad autónoma y las empresas privadas que realizan su actividad en el destino. Es necesario que todas las partes, directas o indirectas, formen parte activa en la toma de decisiones como agentes participantes para el buen desarrollo del sector turístico y sector económico empresarial, en general.
- **Educación y sensibilización:** es necesario concienciar y formar a la población para que los ciudadanos, como individuos independientes y dependientes, e integrantes de una sociedad o comunidad, sean responsables y respetuosos con el medioambiente y la cultura local.
- **Protección del patrimonio cultural:** las acciones sostenibles implican cuidar y proteger el patrimonio cultural, las tradiciones y costumbres de la zona. Es vital para el destino mantener la autenticidad y originalidad de este. De hecho, esta autenticidad puede ser uno de los atractivos turísticos de la zona.
- **Diversificación de la oferta turística:** fomentar y ofrecer una amplia gama de actividades turísticas y distintos atractivos: cultura, gastronomía, descanso, deporte, religión, etc. Para ello, es recomendable gestionar todos los recursos turísticos, económicos y humanos para redistribuir los flujos de personas evitando la masificación en algunos puntos.
- **Medición y monitoreo:** los destinos turísticos deberían contar con un plan de sostenibilidad en el que se pueda evaluar y medir de manera objetiva el impacto medioambiental, económico y social en el destino. De este modo, se puede detectar el error en el proceso y tomar decisiones para corregir las estrategias de la sostenibilidad.
- **Certificaciones y sellos de sostenibilidad:** las certificaciones, sellos, premios y reconocimientos sobre sostenibilidad, que pueden conseguir los destinos y las empresas turísticas, hacen que el turista identifique y confíe en la idoneidad de estos destinos y empresas como promotoras de buenas prácticas hacia la sostenibilidad.

⮑ **Colaboración y alianzas:** la sostenibilidad es un objetivo conjunto que debe conseguirse con la colaboración del gobierno central, comunidad autónoma, alcaldía del municipio, las empresas turísticas, las comunidades locales y la buena actitud de los propios turistas o visitantes.

El patrimonio cultural como museos, edificios religiosos (iglesias, catedrales, etc.), edificios civiles (palacios, casas señoriales, castillos, etc.), deben ser protegidos para que puedan ser disfrutados por todos. Esto implica el control del número de visitantes estableciendo cantidades de personas y horarios. Así como visitas guiadas y ordenadas para que los turistas no transiten de manera desordenada por algunos recursos turísticos.

APLICACIÓN PRÁCTICA

María trabaja en un hotel, el cual toma la medida de colocar en todas las habitaciones carteles que indican "Por favor, si desea poner el aire acondicionado, hágalo a una temperatura entre 21 y 23 °C, y mantenga las ventanas cerradas durante su encendido. Retire la tarjeta de la luz cada vez que abandone la habitación. Cuidemos el planeta entre todos. Muchas gracias". ¿A qué aspecto a tener en cuenta en el turismo sostenible pertenece? Ayuda a María a averiguarlo.

Solución

Mediante esos carteles de consejos, se está educando y sensibilizando a los turistas o huéspedes acerca del uso correcto del suministro de luz.

3. Principios e hitos del turismo sostenible

👉 HILO CONDUCTOR

Una vez que Pedro, gerente de Hotelasa, ha adquirido los conocimientos sobre qué es el turismo sostenible, debe saber por qué principios regirse y qué hechos alcanzar, para así poder definir las estrategias concretas en la planificación de la empresa, antes de arrancar el proyecto. Por tanto, Pedro va a averiguar sobre los principios e hitos del turismo sostenible.

Una de las definiciones de "principio" que aparece en la RAE es la "norma o idea fundamental que rige el pensamiento o la conducta".

Por tanto, podemos afirmar que los principios del turismo sostenible son las normas o ideas fundamentales que rigen el pensamiento o la conducta de desear alcanzar la sostenibilidad.

Por otra parte, según la RAE un "hito" es un "hecho clave y fundamental dentro de un ámbito o contexto". Por tanto, los hitos del turismo sostenible son los hechos fundamentales o claves dentro del turismo sostenible.

Los principios son normas e ideas en los que se basa la conducta o el comportamiento de los destinos y empresas turísticas para alcanzar la sostenibilidad, mientras que los hitos son hechos relevantes dentro de este tipo de turismo.

Los principios o ideas del turismo sostenible son:

➲ **Conservación del medioambiente.** Una de las ideas o principios del turismo sostenible es que el turismo, como actividad en sí o como empresa turística, debe cuidar, preservar y proteger el medioambiente. Esto implica cuidar de los recursos naturales, evitar perjudicar los ecosistemas próximos y, en conjunto, minimizar el impacto medioambiental.
Por ejemplo, un hotel sostenible puede aplicar políticas sostenibles para cuidar el medioambiente como concienciar a los huéspedes del uso responsable de la luz y el agua. Puede indicar que, si desean que se laven las toallas, las echen al suelo del baño y, si las van a reutilizar, las dejen en los colgadores. De este modo, no se lavan todas las toallas a diario, si no cuando es necesario, pues habrá huéspedes que las reutilicen dos o tres veces, frente a otros que querrán toallas limpias cada día. El hotel ahorra en agua, en luz y en materiales como detergentes, jabones y suavizantes.

- **Respeto a la cultura local.** El turismo sostenible debe respetar las tradiciones, costumbres y patrimonio cultural, histórico y/o artístico del destino y de las comunidades locales de la zona.

  Continuando con el ejemplo anterior, el hotel, como respeto a la cultura local, ofrece en su bufé o restaurante platos gastronómicos típicos de la zona.

- **Beneficios económicos para las comunidades locales.** El turismo sostenible debe contribuir al desarrollo económico de la zona. Esto conlleva que debe generar puestos de trabajo, debe favorecer la oportunidad de emprender nuevos negocios, fomentar la actividad de los negocios ya existentes y permitir que toda la población tenga oportunidad de beneficiarse de manera equitativa de la actividad turística sostenible.

  Por ejemplo, el hotel, para favorecer el desarrollo económico de la zona, contrata al 80 % de su plantilla con habitantes de la zona, además de realizar las compras de sus materiales a proveedores locales.

- **Inclusión social.** El turismo sostenible debe garantizar la participación activa y el empoderamiento de las comunidades locales, teniendo en cuenta sus peticiones para el desarrollo turístico y para la buena convivencia entre la población local y la población flotante del municipio.

  Por ejemplo, los vecinos del municipio se quejan del excesivo ruido que provocan los turistas en el destino. En el caso del hotel, limitan el horario de animación y de bar/restaurante hasta las 12 h de la noche. Por su parte, el ayuntamiento regula la actividad de ocio nocturno limitando los horarios a los diferentes tipos de establecimientos.

- **Calidad del turismo.** El turismo sostenible y de calidad debe promover actividades que rocen o se aproximen a la excelencia para que las experiencias de los turistas sean lo más óptimas posibles. Estas actividades, además de satisfacer las expectativas de los turistas, deben cuidar el medioambiente y respetar la cultura de la comunidad local.

  Por ejemplo, el hotel ofrece una estancia de calidad a sus huéspedes, ya que las instalaciones y servicios que ofrece dentro del mismo satisfacen las expectativas de los clientes al guardar una muy buena relación calidad-precio.

- **Sostenibilidad a largo plazo.** El turismo sostenible, tanto a nivel gubernamental como privado, debe estar correctamente planificado y gestionado, de modo que dicha sostenibilidad se pueda mantener en el tiempo y no sea solo temporal. Esto quiere decir que no se deben agotar los recursos y que hay que tener en cuenta el respeto a las generaciones venideras.

  Por ejemplo, las políticas del hotel respecto al consumo moderado de suministros como agua, luz y gas se deben mantener a lo largo de los años. No solo se aplica en una o dos temporadas, sino que de por vida, incluso revisándolas y mejorándolas a lo largo del tiempo.

La cultura local abarca tradiciones y costumbres como festividades, bailes regionales, gastronomía, romerías, etc.

Los hitos o hechos del turismo sostenible deben ser:

- **Creación de áreas protegidas:** se deben establecer y diseñar espacios protegidos. El gobierno estatal, regional o municipal debe promover la creación de estas áreas protegidas.
- **Certificación y sellos de calidad/sostenibilidad:** la adquisición de estos certificados y sellos de calidad y sostenibilidad permiten al turista reconocer a aquellos destinos y empresas que tienen un compromiso y responsabilidad con la sostenibilidad.
- **Desarrollo de infraestructuras sostenibles:** todas las infraestructuras del destino como recogida de basuras, gestión de residuos, accesos de carreteras, caminos, puertos, aeropuertos, estaciones de ferrocarril o autocares, red de autobuses urbanos, gestión del agua, etc., deben plantear políticas sostenibles que minimicen el impacto ambiental del destino, además de tener en cuenta los demás pilares económicos y sociales de la sostenibilidad.
- **Promoción del turismo comunitario:** el turismo sostenible no solo se debe desarrollar en el destino turístico como municipio, o un recurso natural, o un evento. El turismo sostenible debe promover que las comunidades locales, en plural, es decir, las comunidades de la zona cercana, participen de manera activa y se beneficien de la actividad turística.
- **Educación y sensibilización:** otra de las acciones que debe realizar el turismo sostenible es la educación y concienciación a los turistas y a todos los agentes intervinientes en la actividad turística.
- **Planificación y gestión integral del turismo:** una correcta planificación y gestión del destino y del turismo sostenible ayuda a equilibrar y distribuir los flujos turísticos, sin que unas zonas resulten más masificadas o presionadas que otras y, por el contrario, otros puntos queden más desérticos. Lo ideal sería alcanzar un equilibrio para que todos los puntos

turísticos reciban un flujo moderado de visitantes y toda la comunidad se beneficie de la actividad turística.

- **Fomento del turismo responsable:** otro hecho que debe realizar el turismo sostenible es animar a los turistas a que apliquen prácticas responsables y sostenibles, no solo en el destino turístico, sino durante todo el tiempo que dure su viaje. Estas acciones de incitar a la sostenibilidad se pueden iniciar desde el origen, desde las agencias de viajes, y desde el momento en que el turista decide viajar a un destino concreto.
- **Investigación y monitoreo:** si ha habido una planificación previa, se pueden evaluar y monitorear los resultados que se obtienen. Si no se alcanzan los objetivos, siempre se puede investigar dónde está el error en el proceso y rectificar o corregir la estrategia con el fin de cumplir los objetivos marcados en la planificación.

En la imagen podemos apreciar una persona realizando una actividad sobre la separación de residuos. Muchas empresas aplican esta medida en la gestión de residuos.

TAREA 1

A Javier le han encargado que escriba un cartel para colocar en los baños de las habitaciones y así concientizar a los huéspedes sobre el uso responsable del agua. Ayuda a Javier a redactar el cartel proponiendo medidas de ahorro de consumo de agua.

 **ACTIVIDAD COMPLEMENTARIA**

1. Lee la noticia titulada Calvià 365, el nuevo plan estratégico de desestacionalización que encontrarás accediendo desde aquí:

https://redirectoronline.com/hott02po0101

A continuación, indica qué medidas va a tomar la zona balear relacionadas con el turismo sostenible.

4. Resumen

En esta unidad hemos aprendido el concepto de turismo sostenible como aquel que respeta el medioambiente, fomenta la economía del destino y preserva la cultura social de la comunidad local. Todo esto basado en estos cinco pilares:

Para hablar de sostenibilidad se deben tener en cuenta estos aspectos:

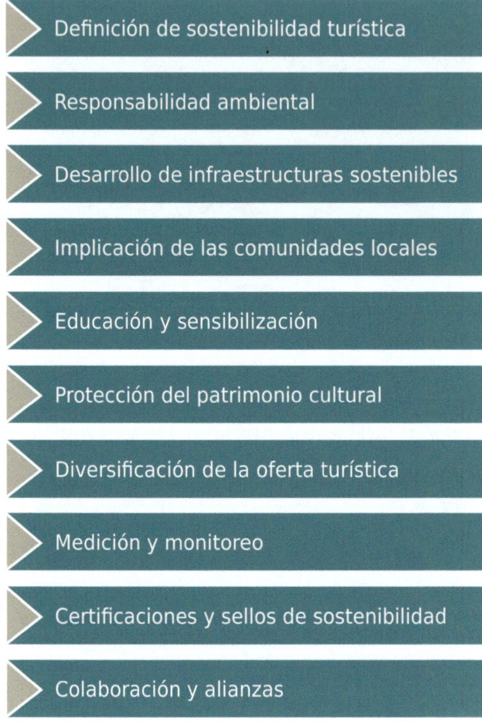

Por otra parte, hemos definido **principio** como la idea por la que se rige la finalidad de conseguir el turismo sostenible. Estos principios son:

A su vez, hemos definido **hito** como el hecho que debe lograr o ejecutar el turismo sostenible. Estos hitos o hechos son:

Ejercicios de autoevaluación
Unidad de Aprendizaje 1

1. **El patronato de turismo de una localidad informa que, para acceder al Castillo, se debe hacer en grupos guiados de 25 personas y solo pueden acceder 3 grupos a cada hora en punto desde las 10 h a las 17 h, hora de última visita. Esta medida atiende al aspecto:**

   a. Responsabilidad ambiental
   b. Educación y sensibilización
   c. Protección del patrimonio cultural
   d. Diversificación de la oferta turística

2. **Uno de los principios del turismo sostenible es que este...**

   a. ... sea sostenible solo a corto plazo.
   b. ... sea sostenible solo en temporada de verano.
   c. ... sea sostenible solo en temporada alta, sea verano o invierno.
   d. ... sea sostenible a largo plazo.

3. **Un hotel decide que el 80 % de su plantilla contratada sean personas empadronadas en el municipio donde se encuentra ubicado. En qué pilar de la sostenibilidad clasificarías esta medida:**

   a. Desarrollo de igualdad
   b. Desarrollo social
   c. Desarrollo medioambiental
   d. Desarrollo cultural

4. **Un ayuntamiento coloca carteles, para turistas y ciudadanos, con recomendaciones de evitar el ruido, separar la basura, utilizar el transporte urbano, no ensuciar la ciudad, etc. ¿Con qué aspecto de la sostenibilidad identificas esta estrategia?**

   a. Educación y sensibilización
   b. Protección del patrimonio cultural
   c. Medición y monitoreo
   d. Diversificación de la oferta turística

5. Un ayuntamiento, junto con otros agentes, como el tejido empresarial, han diseñado un plan turístico para sustituir el actual "turismo de borrachera" por "turismo familiar". ¿A qué principio de turismo sostenible atiende este plan?

    a. Perjuicio del medioambiente
    b. Exclusión social
    c. Sostenibilidad a corto plazo
    d. Calidad del turismo

Identificación de las características de la economía circular

Contenido

Objetivos

El objetivo general de esta Unidad de Aprendizaje es:

→ Identificar las características propias de la economía circular.

Los objetivos específicos de esta Unidad de Aprendizaje son:

→ Reconocer los principios que caracterizan a la economía circular.

→ Describir las tecnologías que se pueden aplicar a la economía circular.

1. Introducción

Hasta hace pocos años, la economía ha sido lineal, es decir, se fabricaban objetos o productos para ser utilizados y, finalmente, desechados.

En la actualidad, se denomina economía circular al enfoque de fabricar solo los productos necesarios, dándole larga vida y durabilidad, insertándolos en el ciclo de valor las veces que sea necesario y, finalmente, cuando ya no se pueden reutilizar ni reciclar, entonces, convertirlos en desecho.

Este enfoque de economía circular surge de la necesidad de fabricar productos sostenibles a partir de materias primas ya utilizadas y que sean muy duraderos en el tiempo, para reducir o eliminar los recursos no renovables y sustituirlos por recursos renovables.

Para ello, vamos a continuar con el hilo conductor de Hotelasa, hotel pequeño de 50 habitaciones que se va a ubicar en un pueblo de 3.000 habitantes, aproximadamente, situado en un entorno rural, en una comarca de diez municipios muy pequeños y distanciados entre sí a unos 10 km entre ellos. Este hotel está ubicado en un antiguo palacio abandonado que ha sido reconstruido y reformado por una cadena hotelera nacional que lo adquirió hace dos años.

2. Principios y características

 **HILO CONDUCTOR**

Pedro, el nuevo gerente de Hotelasa ha recibido la instrucción general de que el hotel que va a inaugurar debe ser sostenible. Pedro ha escuchado hablar de la economía circular, pero no sabe qué es eso, por tanto, se pone a investigar acerca de este concepto.

Como hemos mencionado, la sostenibilidad se basa en cinco pilares básicos (desarrollo económico, social, medioambiental, cultural e inclusivo). La economía actual, en su papel de ser uno de los pilares de la sostenibilidad, trata de:

> Minimizar y reducir la generación de residuos, por tanto, la economía circular es un enfoque de la economía actual

> Reducir el desperdicio de los recursos

En la economía tradicional, también llamada "economía lineal", los productos se fabrican, se usan y se tiran.

En la **economía circular,** los productos:

> Se fabrican en menores cantidades porque trata de REDUCIR la generación de residuos.

> Se utilizan el mayor tiempo posible, agotando la vida útil del producto. Utilizar y REUTILIZAR el producto todo lo que se pueda.

> Se desechan aprovechando los materiales para fabricar nuevos productos a partir de los materiales desechados. Esto es RECICLAR los residuos.

> Si el material no se puede reciclar, es decir, no se puede convertir en otro producto diferente, se intentará REDUCIR el residuo mediante técnicas de incineración, enterramiento, etc., para disminuir los vertederos tradicionales y plantas de exteriores.

De este enfoque nacen las 3 R de la sostenibilidad: **REDUCIR, REUTILIZAR y RECICLAR.** Desde este punto de vista moderno de la economía, el producto y el consumo cierran un ciclo o círculo, de ahí que se denomine "economía circular". Los **objetivos** de la economía circular son:

1. Reducir la presión y consumo de los recursos naturales y de las materias primas vírgenes u originales.
2. Reducir los impactos negativos medioambientales, minimizando los residuos y valorando, protegiendo y cuidando los recursos de la naturaleza.

3. Mejorar la resiliencia económica, es decir, la capacidad de superar las circunstancias adversas que se producen en la economía.
4. Generar oportunidades de negocio y empleo al buscar alternativas de productos y servicios sostenibles mediante la innovación.

Los principios, ideas o normas que sustentan el pensamiento o filosofía de la economía circular son, a su vez, los que van a determinar las características de la misma. Por tanto, los principios que caracterizan a la economía circular son los siguientes:

- **Diseño sostenible:** este tipo de diseño busca la durabilidad, reparación y reciclaje del producto en el tiempo, es decir, que tarde mucho en desaparecer y que la vida útil del producto sea lo más larga posible. Si el producto es desmontable y reparable permitirá la reutilización y reciclaje de las piezas y componentes. De este modo, se pretende reducir la creación o fabricación de productos nuevos y, en consecuencia, reducir también la necesidad de utilizar nuevos recursos o materia prima original. Para ello, se intentará evitar la obsolescencia programada y se favorecerá la actualización de los productos ya existentes.
- **Reutilización y segunda vida:** este principio de la economía circular trata sobre el fomento de reusar los productos o sus piezas o componentes y darle tantas vidas como sea posible. En ocasiones, el producto íntegro se puede volver a utilizar. Otras veces, son sus componentes los que pueden brindar ese segundo uso para dar vida a un producto que ya empieza a deteriorarse o averiarse, introduciéndolos de nuevo en la cadena de valor en lugar de convertirlo en residuo. La economía circular propone como herramientas para la reutilización, la venta de segunda de mano, el alquiler, el intercambio de productos e, incluso, la donación.
- **Reciclaje:** los materiales de los productos que ya son para desechar, porque no sirven, se pueden utilizar como materia prima para la fabricación de productos nuevos. Es una manera de reducir el uso de materias primas vírgenes para la fabricación de bienes.
- **Valoración de residuos:** esta característica de la economía circular significa la búsqueda de diferentes formas de convertir los residuos en recursos. Por ejemplo, el compostaje, la conversión en energía, etc.
- **Colaboración y cadena de suministro circular:** se fomenta la colaboración y cooperación entre empresas (clientes, proveedores, distribuidores e intermediarios) y de todos los agentes intervinientes en el proceso de compraventa y logística, desde que se fabrica el producto hasta que llega al consumidor final. Además de colaboraciones de lo público y lo privado para fomentar la innovación. Mediante esta colaboración aumenta la posibilidad de reutilización de los productos y materiales.
- **Innovación:** gracias a la colaboración entre el sector público y privado, y a las sinergias que surgen entre ellos, pueden compartir ideas, conocimientos y tecnología para la innovación.

- **Energía renovable y eficiencia energética:** este principio es la idea de alentar a las empresas industriales a utilizar energías procedentes de recursos renovables frente a las procedentes de recursos no renovables.
- **Consumo responsable:** el último eslabón en la cadena económica es el consumidor final que adquiere los bienes o servicios a consumir. Aquí entra en juego el papel de los consumidores, clientes o usuarios quienes deben consumir de manera moderada, consciente y responsable. Deben evitar el derroche y deben apostar por el consumo de productos sostenibles.
- **Educación y sensibilización:** formar a las empresas en conceptos de sostenibilidad y economía circular, y educar mediante campañas de sensibilización y concientización a los ciudadanos para que ejerzan el consumo responsable. De este modo, se pretende reconvertir a la sociedad en un nuevo modelo económico.
- **Economía de la funcionalidad:** esta idea fomenta el hecho de que, en lugar de comprar el producto, es preferible alquilar o contratar el servicio al proveedor teniendo en cuenta la utilidad y el rendimiento. Ejemplo: un hotel, en lugar de comprar máquinas lavadoras, secadoras y planchadoras, contrata el servicio de limpieza de lencería y mantelería a una lavandería profesional.

Las tres R de la sostenibilidad son reducir la fabricación de productos, el consumo de productos nuevos o de primera mano y los residuos, reutilizar los productos varias veces o darles una segunda vida, reciclar los materiales de un producto para fabricar con esos materiales otros productos.

TAREA 2

En un entorno natural, el ayuntamiento ha diseñado unas rutas senderistas para que los visitantes puedan disfrutar del entorno de dicho municipio. Han

Continúa en página siguiente >>

<< Viene de página anterior

señalizado claramente los caminos y han puesto paneles informativos acerca de la flora y la fauna de la zona. ¿Qué ideas o medidas crees que podrían indicar a los visitantes que, a la vez, les eduquen y sensibilicen acerca de la sostenibilidad y cuidado del medioambiente? Ayuda al agente de desarrollo local y ambiental a concretar estas medidas.

3. Tecnologías aplicadas a la economía circular

HILO CONDUCTOR

Una vez que Pedro, gerente de Hotelasa, ha adquirido conocimientos sobre el concepto de economía circular y sus principios y características, desea saber cómo las tecnologías pueden ayudar con su aplicación en la economía circular.

El principio de innovación en la economía circular fomenta la adopción de tecnologías emergentes como el internet de las cosas, la inteligencia artificial, el análisis de datos o *big data,* etc., para optimizar los procesos y la toma de decisiones de todos los agentes e intervinientes en la economía circular.

Las tecnologías aplicadas a la economía circular son:

- **Internet de las cosas:** denominado IoT por su procedencia del inglés, *Internet of Things.* Son objetos o productos que disponen de un *software* y, por tanto, pueden ser conectados a internet. Esto permite la actualización de dicho *software* y el alargamiento de su vida útil.
  Por ejemplo, un GPS necesita conexión a internet para que nos indique la ruta más adecuada. Al mismo tiempo, se puede actualizar su *software* para que dicha información esté actualizada y pueda proveer más prestaciones como rutas más rápidas, más cortas, más fáciles, etc., o proporcionar la ubicación de ciertos establecimientos en las rutas, para que el usuario pueda elegir y tenga una experiencia más positiva con la utilización del GPS.
- **Tecnologías de la información y comunicación o TIC:** el papel que desempeñan este tipo de tecnologías en la economía circular es el de intercambiar información y comunicación entre los actores agentes e intervinientes de la economía circular, la posibilidad de crear plataformas

para acciones colaborativas, cooperativas y sinergias y gestionar de manera inteligente todos los recursos que ofrecen.

Por ejemplo, un hotel alquila sus habitaciones a través de agencias de viajes *online,* siendo estas uno de sus canales de venta y ahorrando costes en publicidad.

- *Big data* **y analítica avanzada:** gracias a las TIC, y al gran volumen de datos que se recopilan a lo largo de la cadena de valor y distribución de los productos y servicios, se pueden hacer análisis exhaustivos que permiten una toma de decisiones más acertada y una identificación de oportunidades más real, de cara a mejorar la eficiencia y la sostenibilidad.

  Gracias al *big data* los recursos turísticos pueden gestionar las colas de acceso al interior o al recinto del recurso, evitando que la gente espere demasiado tiempo, ya que si este es muy largo, el visitante puede ir a hacer otras cosas en lugar de esperar su turno todo el tiempo en la cola.

- **Inteligencia artificial o IA:** también conocida por AI (de sus siglas en inglés *artificial inteligence).* Podemos decir que la inteligencia artificial extrae lo mejor, lo más popular, lo más buscado, etc., de todos los datos de internet, o de una intranet, y aplica lo mejor. Sirve para optimizar procesos productivos, gestión de residuos y reciclaje, predecir patrones de consumo, tendencias de demanda, etc.

  Gracias a la inteligencia artificial muchas empresas aplican en sus páginas webs una especie de asistente virtual, que es un *chatbot* o robot de conversación, el cual detecta las palabras y preguntas frecuentes y responde al usuario sobre las preguntas que pueda formular, incluso puede asistir a un internauta en los pasos que debe seguir en un proceso de compra, por ejemplo.

- **Impresión 3D:** la impresión 3D permite imprimir objetos en tres dimensiones a la medida o petición del cliente. Ahorra costes de fabricación, ya que se optimiza el uso de materiales, permite fabricar productos o componentes a medida de la demanda y de manera local ahorrando costes de transporte y de almacenamiento.

  Por ejemplo, la impresión de suvenires de un recurso turístico relevante en un destino. Además, se podría personalizar el suvenir añadiendo el nombre del destino, del recurso turístico o de los visitantes, la fecha de visita u otro dato, de modo que incrementase su valor.

- **Sensores y etiquetas inteligentes:** este tipo de tecnología sirve para rastrear, monitorear y hacer seguimiento de productos, materiales y residuos a lo largo de su período de vida útil, facilitando así su gestión y recuperación.

  Por ejemplo, muchas compañías aéreas utilizan etiquetas de identificación por radiofrecuencia o RFID *(Radio Frequency Identification)* que constan de un *chip* y una antena. En esta etiqueta va información sobre los lugares de origen y destino, nombre del pasajero, número de vuelo, compañía aérea, etc. Este sistema permite un mejor control y seguimiento del equipaje evitando las pérdidas del mismo.

- *Blockchain* **o cadena de bloques:** se utiliza para rastrear el origen o procedencia de un material, producto o servicio, asegurando la transparencia en el servicio y la trazabilidad en la cadena de suministro del producto.

  Por ejemplo, en una transferencia bancaria, la persona A desea enviar dinero a la persona B. La transferencia se presenta como un bloque a todas las partes (entidades bancarias de origen y destino, y sujetos titulares de dichas cuentas), las cuales aprueban que están de acuerdo y, entonces, se realiza la transferencia. Si alguna de las partes no está de acuerdo, no se realizaría la transacción con éxito.

- **Realidad aumentada y realidad virtual (AR** *o aumented reality* **y VR o** *virtual reality***):** estas tecnologías presentan un producto o servicio como algo real, aunque no esté presente en el lugar. Se utiliza mucho en servicios de formación y entrenamientos.

  Por ejemplo, en la web de un destino turístico se puede visitar la ciudad mediante un vídeo de realidad aumentada o realidad virtual que muestra las calles y recursos turísticos de un municipio o zona.

- **Biotecnología y bioingeniería:** estas tecnologías permiten el desarrollo de materiales biodegradables, como bioplásticos y biocombustibles, hechos a partir de energías renovables. Sirven para controlar condiciones medioambientales y biológicas en ecosistemas determinados, como parques nacionales, parques naturales, reservas naturales y otros espacios protegidos.

  La biotecnología permite monitorear y controlar la humedad, la temperatura y la iluminación en los ecosistemas para comprobar si el ecosistema sigue siendo el idóneo para las especies que lo habitan o necesitan algún cambio o adaptación.

- **Energías renovables:** la tecnología sirve para generar energía a partir de fuentes renovables. Como hemos mencionado anteriormente, esto es fundamental para reducir o eliminar la dependencia de las fuentes no renovables.

  Por ejemplo, las empresas de alojamiento requieren mucho suministro para su actividad: agua caliente, calefacción, are acondicionado, luz en habitaciones e instalaciones, funcionamiento de máquinas, herramientas y utensilios, etc. En la economía circular, las empresas de alojamiento abogan por el consumo de energías renovables.

Gracias a las redes sociales, las empresas pueden informar, comunicarse e interactuar con sus clientes y viceversa. Además, sirven como canal de ventas y de publicidad. Fuente: Nur Maulidiah / Shutterstock.com

PARA SABER MÁS

Si lo deseas puedes visualizar ejemplos de algunas de las tecnologías vistas anteriormente. Para ello accede desde aquí:

Big data: La Galería de los Uffizi recurre a un algoritmo para combatir las colas

https://redirectoronline.com/rwmyx

Realidad aumentada y realidad virtual: MAPA 3D DE ALHAMBRA

https://redirectoronline.com/bhfrv

APLICACIÓN PRÁCTICA

Un hotel ha adoptado la medida de poner sensores presenciales en los pasillos para que la luz solo se encienda cuando hay personas en la zona. Por otra parte, ha instalado grifos en los baños que solo se activan cuando el individuo pone las manos debajo del mismo, evitando que se quede el grifo abierto sin querer, para así ahorrar agua. ¿Qué tipo de tecnología están aplicando en la economía circular?

Solución

La tecnología que se está utilizando son sensores inteligentes o sensores de detección de presencia, pues estos solo se activan cuando hay alguna persona que necesita ese servicio de luz o agua, evitando que, por despiste, se queden activados cuando nadie los necesita utilizar.

ACTIVIDAD COMPLEMENTARIA

2. Lee la noticia titulada Masificación en la Acrópolis: Grecia limita las visitas diarias que encontrarás accediendo desde aquí:

https://redirectoronline.com/hott02po020201

A continuación, indica qué medidas concretas se van a tomar para el control de visitantes.

----

4. Resumen

Los cinco pilares básicos de la sostenibilidad son: desarrollo económico, social, medioambiental, cultural e inclusivo.

En su caso, la economía lo que trata es de minimizar y reducir la generación de residuos.

En la economía tradicional o lineal, los productos se adquirían para su uso principal y, después, se arrojaban a la basura.

En la economía moderna o circular, los productos se hacen para ser muy duraderos, para reutilizarse varias veces, para reciclarse y, por último, para desecharlos cuando no queda más remedio.

Los principios que caracterizan a la economía circular son los siguientes:

Las tecnologías que se pueden aplicar a la economía circular son las siguientes:

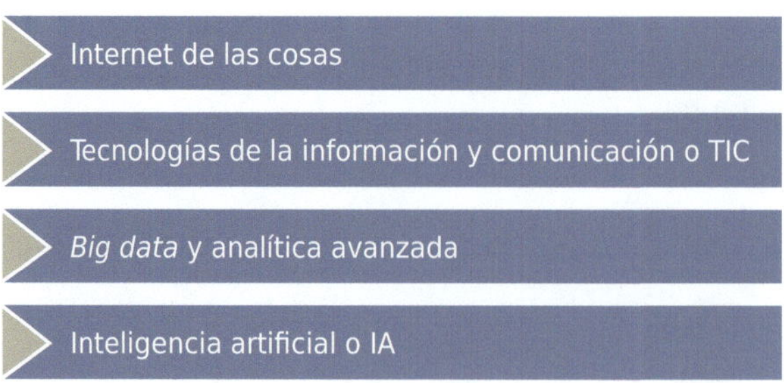

Continúa en página siguiente >>

<< Viene de página anterior

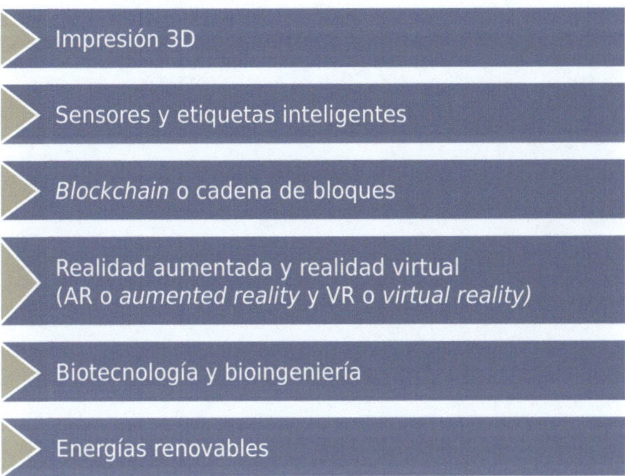

<< Viene de página anterior

Ejercicios de autoevaluación
Unidad de Aprendizaje 2

1. Los procesos en los que se fabrican productos que se utilizan y, cuando no son servibles, se tiran corresponden a la:

- a. Economía capitalista
- b. Economía sostenible
- c. Economía circular
- d. Economía lineal

2. Las 3 R de la sostenibilidad hacen referencia a los términos:

- a. Reducir, reutilizar y reciclar
- b. Reproducir, retornar y renovar
- c. Rebajar, restringir y reordenar
- d. Reajustar, resolver y revertir

3. Como individuo, depositar tu ropa usada en un contenedor gestionado por una ONG atiende al principio de economía circular de:

- a. Reducción
- b. Reciclaje
- c. Reutilización
- d. Innovación

4. Enseñar a los niños que deben cerrar el grifo cuando se están enjabonando los dientes atiende al principio de economía circular de:

- a. Diseño sostenible
- b. Reciclaje
- c. Valorización de los residuos
- d. Educación y sensibilización

5. Los vídeos en tres dimensiones que podemos ver en páginas webs de algunos renombrados museos, atiende al tipo de tecnología aplicada en economía circular:

- a. Internet de las cosas
- b. *Big data* y analítica avanzada

c. Impresión 3D
d. Realidad aumentada y realidad virtual

[42]

Determinación del concepto y características de turismo circular

Contenido

Objetivos

El objetivo general de esta Unidad de Aprendizaje es:

→ Diferenciar la definición y características del turismo circular.

Los objetivos específicos de esta Unidad de Aprendizaje son:

→ Definir el concepto de turismo circular.

→ Distinguir los diferentes retos para lograr combatir o minimizar el cambio climático.

→ Conocer los tipos de tecnologías que se pueden aplicar el turismo circular.

1. Introducción

Hasta ahora hemos estudiado sobre la sostenibilidad y la economía circular. El turismo, como actividad enmarcada dentro de la economía, también persigue el reto de dar este enfoque a su gestión. De hecho, todos los sectores económicos deben colaborar para alcanzar los Objetivos de Desarrollo Sostenibles marcados en la Agenda 2030.

Esta agenda surgió el 25 de septiembre de 2015, cuando fue acordada por 193 países o Estados miembros de la ONU. Sin embargo, no es hasta 2020, año que coincide con su quinto aniversario y con la pandemia mundial del COVID, cuando se le da verdadera importancia e impulso a esta agenda. En el año 2020, además de ver en peligro la salud del planeta, también estuvo en peligro la salud de la humanidad.

Una vez superada la pandemia, el turismo debe recuperar su actividad anterior, pero tomando las medidas hacia un turismo circular como nuevo modelo económico para recuperarse de esta crisis. Pues como sector no debe olvidar que fue una de las actividades más perjudicadas en 2020.

Para ello, nos vamos a apoyar en Hotelasa, ese hotel pequeño de 50 habitaciones ubicado en un pueblo de 3.000 habitantes. Rodeado de un entorno rural, en una comarca de diez municipios muy pequeños y distanciados entre sí a unos 10 km entre ellos. Este hotel está ubicado en un antiguo palacio abandonado que ha sido reconstruido y reformado por una cadena hotelera nacional que lo adquirió hace dos años.

2. Turismo circular y el reto del cambio climático

 **HILO CONDUCTOR**

Pedro, el gerente de Hotelasa, ha escuchado hablar del turismo circular y del cambio climático. Sin embargo, no distingue muy bien ambos conceptos. Sabe que desde su hotel debe luchar contra el cambio climático y, al mismo tiempo, participar y contribuir en el turismo circular. Por eso, va a aprender acerca de estos dos conceptos para poder aplicarlos desde su actividad hotelera.

El **turismo circular** es aquella actividad turística que está enfocada en los siguientes objetivos:

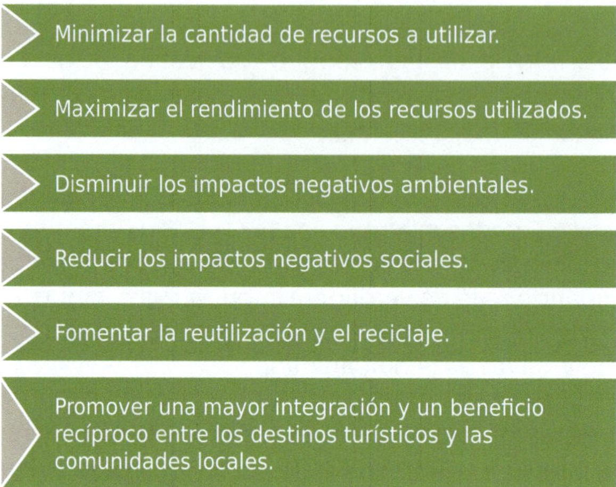

El turismo circular se basa en los siguientes principios:

- **Reducción de los residuos:** para ello se deben aplicar prácticas eficientes de gestión de residuos, así como fomentar la **economía compartida o colaborativa.**
- **Impulso de la economía local:** se deben promover proyectos turísticos que beneficien a la comunidad local, como compras a proveedores locales, contratación laboral de trabajadores locales, promoción de productos artesanales regionales, fomento de actividades para la participación activa de la comunidad local en el desarrollo turístico de la zona.
- **Diversificación de experiencias:** para ello se debe diversificar u ofrecer todo tipo de experiencias auténticas y responsables, como ecoturismo, turismo cultural, rural, deportivo, religioso, gastronómico, etc. De esta manera, se desmasifican los recursos turísticos más punteros y atractivos, diluyendo al flujo turístico a diferentes zonas o puntos. También se intentará desestacionalizar el turismo, para que no haya concentraciones de turistas en unas fechas determinadas y que se reparta el flujo turístico a lo largo de todo el año.
- **Gestión sostenible de los recursos naturales:** para ello se deben aplicar estrategias sostenibles de gestión de los recursos naturales como el agua, la energía y la biodiversidad, con el objetivo de asegurar su disponibilidad a largo plazo y reducir el impacto negativo en el medioambiente
- **Inclusión social:** debe promoverse la integración de las comunidades locales en la actividad turística, con el fin de empoderar a las comunidades locales y hacerlas partícipes de la planificación, desarrollo y gestión

turística de la zona. Es importante reducir las desigualdades sociales, económicas y culturales que se puedan generar por una actividad turística mal gestionada. También se debe incluir en ese ciclo de turismo circular a los turistas o visitantes para educarles y sensibilizarles acerca del turismo sostenible. En definitiva, incluir a las personas que participan en la actividad turística; empresas, comunidad local y turistas.

⊃ **Innovación y tecnología:** deben adoptarse tecnologías y prácticas innovadoras que permitan gestionar los recursos económicos, materiales y humanos de manera eficiente para mejorar la experiencia turística de los viajeros, minimizando los impactos negativos.

La buena gestión de los recursos naturales debe garantizar su disponibilidad a largo plazo, es decir, que tarden el mayor tiempo posible en agotarse, en el caso de los recursos no renovables. Se debe apostar por el uso de recursos naturales renovables.

APLICACIÓN PRÁCTICA

En un hotel pequeño, el gerente ha decidido sustituir las *amenities* de pastillas de jabón, sobres de gel y sobres de champú, por dosificadores de jabón en los lavabos y de gel y champú en las duchas de los baños. De este modo, el servicio de pisos solo tiene que rellenar los dispensadores. ¿A qué tipo de principio de turismo circular corresponde esta medida?

Solución

Al poner dispensadores de jabón, gel y champú, se está reduciendo la cantidad de residuos de los propios envoltorios de la pastilla de jabón y los sobres de gel y champú.

Cuando hablamos del turismo circular, tenemos que hablar de sus tres pilares fundamentales o 3 P:

Politics (política)	El turismo circular debe presionar a la política gubernamental a todos los niveles, desde el ayuntamiento del municipio local al Estado nacional. Por ejemplo, realizar campañas de concienciación a los ciudadanos para que respeten el medioambiente, la cultura y costumbres de las comunidades locales, subvencionar las energías renovables, limitar y regular zonas de ruido nocturno, etc.
Places (lugares)	Los turoperadores y agencias mayoristas que gestionan los flujos turísticos deben elegir destinos que puedan ofrecer otros subdestinos cercanos. De este modo, desmasificamos un punto concreto guiando a la gente hacia otros puntos cercanos menos saturados o transitados. Así se promueve la economía local y se benefician varios municipios del mismo turismo.
People (personas)	Para cerrar este turismo circular es imprescindible educar y hacer partícipe a todas las personas que intervienen en este tipo de turismo: empresas (empresarios y trabajadores), ciudadanos residentes de la zona y turistas. Todos deben estar mentalizados sobre conceptos como el turismo sostenible y/o el turismo circular.

La política gubernamental, a todos los niveles, debe cooperar y participar en el fomento y la ayuda al desarrollo del turismo sostenible. Los destinos turísticos deben establecer lazos con los puntos de origen o emisores de turistas para concientizar a los mismos sobre la práctica de un turismo sostenible.

📽 VÍDEO

Puedes ver un vídeo en el que, de manera indirecta, se mencionan estos tres pilares como base fundamental del turismo sostenible o circular. Para ello accede desde aquí:

https://redirectoronline.com/hott02po0301

El turismo circular aporta una serie de **beneficios** al patrimonio cultural y natural como son:

- **Disminución de la presión en el patrimonio.** Al diluirse el flujo turístico en diferentes puntos dentro de un mismo destino, se produce que los recursos turísticos no estén saturados y sean más fáciles de gestionar y que no sufran dicha presión.
- **Facilidad de mantenimiento y seguridad en los museos, monumentos y recursos turísticos.** Al disminuir la presencia de personas resulta más fácil mantener la limpieza, las infraestructuras de accesos, la seguridad de las personas, etc.
- **Reducción de la concentración de contaminación por polución.** Al decrecer el número de turistas y los vehículos mediante los que acceden a los recursos disminuye la contaminación. Esta contaminación daña edificios y fachadas exteriores, por lo que se verá reducido.

Los recursos turísticos patrimoniales culturales son más fáciles de mantener si el número de visitantes está controlado, siendo de menos cantidad, aunque de manera más constante. Esto favorece su mantenimiento en cuanto a iluminación, temperatura, humedad, limpieza, etc.

PARA SABER MÁS

El Gobierno español se preocupa por el turismo circular. De hecho, puedes ver una publicación al respecto, así, por ejemplo, el ministerio con competencia en turismo edita una publicación periódica acerca del turismo circular, donde aborda diferentes aspectos, por lo que puedes seleccionar la lectura de aquello que consideres prioritario en el turismo circular. Para ello accede desde aquí:

https://redirectoronline.com/hott02po0302

Por otra parte, Seggitur o Sociedad Estatal Española dedicada a la Gestión de la Innovación y las Tecnologías Turísticas, publicó una guía que puedes leer accediendo desde aquí:

https://redirectoronline.com/hott02po0306

ACTIVIDAD COMPLEMENTARIA

3. Lee la noticia titulada "Un medio alemán denuncia la masificación turística que pone en peligro dos famosas calas de Mallorca" que encontrarás accediendo desde aquí:

Continúa en página siguiente >>

<< Viene de página anterior

https://redirectoronline.com/hott02po0303

A continuación, indica cuáles son los problemas que provoca esta masificación.

Uno de los retos más desafiantes para el turismo circular es combatir el **cambio climático.**

El tipo de turismo por excelencia más extendido a nivel global es el **turismo de sol y playa.** Las personas buscan destinos donde disfrutar del buen clima y las playas, como suelen ser las zonas litorales de costa de los países bañados por agua y las múltiples islas repartidas en mitad de los mares y océanos. Por otra parte, también existe una cantidad importante de turismo deportivo de nieve que busca esquiar en zonas montañosas.

Por eso, el cambio climático puede afectar de manera muy severa a destinos cuyo único recurso turístico es el buen clima o la nieve. De ahí que, el turismo circular, persiga evitar el cambio climático en la medida de lo posible. De suceder así, no quedará otra alternativa que adaptarse a la nueva climatología de cada destino afectado.

Se ha de tener en cuenta que el cambio climático no solo afecta al clima o a la temperatura externa, sequía, lluvias, huracanes, granizadas, nevadas, etc., sino que puede afectar a la flora y fauna, desarrollándose la presencia de especies que antes no estaban en ese hábitat.

EJEMPLO

Playas que han sido tranquilas y transitadas por turistas hasta hace muy poco, últimamente se ven invadidas por tiburones, medusas peligrosas, superpoblación de algas y otra especies que dificultan un baño tranquilo y placentero.

En España, la **Ley 7/2021, de 20 de mayo, de Cambio Climático y Transición Energética** pretende cumplir con los compromisos internacionales establecidos en la Agenda 2030.

Por otra parte, la lucha del sector turístico contra el cambio climático genera un beneficio por partida doble: de una parte, se cuida del medioambiente y del planeta, mientras que, por otra, se generan nuevas oportunidades empresariales.

 ## PARA SABER MÁS

En el artículo denominado "La nueva Ley de Cambio Climático: retos y desafíos", puedes leer acerca de los objetivos y mejoras que propone esta ley, para ello accede desde aquí:

https://redirectoronline.com/hott02po0304

Además puedes leer la publicación titulada "La lucha contra el cambio climático, el mayor reto para la salud mundial del siglo XXI", donde se habla acerca de todo aquello que las empresas pueden hacer para luchar contra el cambio climático. Para ello accede desde aquí:

https://redirectoronline.com/hott02po0305

3. Tecnologías aplicadas al turismo circular

👉 HILO CONDUCTOR

Pedro, el gerente de Hotelasa, va a necesitar tecnología para el funcionamiento del hotel: ordenadores, programa informático de gestión, cámaras frigoríficas y congeladores en restaurante y bar, máquinas lavadoras, secadoras y planchas en lavandería, además de controlar el gasto de luz, agua y climatización en las habitaciones y zonas comunes. Tiene que investigar acerca del consumo de suministros para, además de ahorrar el importe de las facturas de suministros, evitar derrochar o malgastar los mismos.

Las tecnologías que se aplican al turismo circular son las generales que se aplican a cualquier tipo de sector económico, como son:

- **Aerogeneradores flotantes:** son los típicos aerogeneradores o molinos eólicos que estamos acostumbrados a ver en los diferentes paisajes, pero ubicados en medio de mares y océanos, donde las corrientes de aire y viento son más fuertes y constantes y donde, además, su impacto medioambiental es menor.
- **Medidores:** aparatos o aplicaciones que permiten medir la calidad del aire, la humedad, la cantidad de lluvia, la temperatura, la cantidad de especies de flora y fauna, etc. Estas mediciones ayudan a estudiar cómo es el medioambiente de la zona, si están apareciendo o desapareciendo especies, si la calidad del aire es buena o no, etc. De este modo, se pueden tomar decisiones para optar por soluciones que ayuden al enfriamiento global o a detener la degradación de la naturaleza mediante la plantación de árboles y zonas verdes, la restauración de ecosistemas o la conservación de especies.
- **Nueva generación de nucleares:** hay estudios recientes de expertos que afirman, como nueva tendencia, que la energía nuclear ayuda a la sostenibilidad. Aunque es una idea que ha abierto la polémica, lo cierto es que parece que Europa apuesta de nuevo por la energía nuclear.
- **Satélites:** gracias a los satélites se pueden predecir y seguir fenómenos atmosféricos como huracanes, tornados, DANA (depresiones aisladas en niveles altos), borrascas, ciclones, etc. El estudio y predicción de estos fenómenos atmosféricos puede ayudar a conocer qué zonas sufren inundaciones y cuáles, por el contrario, sequías, y tomar soluciones al respecto.
- **Combustibles ecológicos para aviones:** igual que en los vehículos terrestres se ha apostado por los combustibles sostenibles y biocombustibles, se debe hacer lo mismo para los aviones. La aeronáutica es un

sector muy contaminante y, hasta recientemente, no se ha hecho nada por evitar dicha contaminación.

- **Vehículos terrestres eléctricos:** aunque en principio pareció una buena idea eliminar el combustible y sustituirlo por electricidad, lo cierto es que, actualmente, hay mucho debate acerca de esta idea. La autonomía del vehículo ante un itinerario complicado, el tiempo excesivo y los escasos puntos de repostaje, las escasas electrolineras, etc., ponen en duda, a fecha de hoy, la idoneidad del coche eléctrico.

- **Paneles o placas solares:** son unas placas mediante las que se absorbe el calor del sol y se genera energía. Cada vez es más frecuente verlas en los tejados de las viviendas, así como en amplias superficies paisajísticas. Siguen planteando polémica por su impacto negativo en el medioambiente, al menos, en las zonas donde se instalan, rompiendo la estética de la naturaleza. Además, existen teorías controvertidas que afirman que los incendios forestales provocados en España son con la finalidad de construir plantas solares y de aerogeneradores en esas zonas incendiadas, lo cual sería una contradicción en sí misma, quemar naturaleza para construir plantas de energía renovable y sostenible.

- ***Power-to-X:*** esta tecnología consiste en electrolizadores que extraen el hidrógeno del agua generando otro tipo de energía.

- **Almacenamiento de carbono o captación de CO_2:** se trata de separar, extraer y almacenar el carbono que se encuentra en el CO_2 que se lanza a la atmósfera. Esta función, en realidad, la hacen las plantas con la fotosíntesis. Sin embargo, se necesitaría mucha superficie para plantar muchos árboles y vegetales. Lo que se pretende con esta tecnología es extraer el carbono y enterrarlo para producir energía al mismo tiempo que se elimina de la atmósfera.

- **Iluminación LED:** una bombilla tradicional emite mucha cantidad de CO_2. Al mismo tiempo, una vez desechada, emite pequeñas cantidades de mercurio y argón que se liberan a la atmósfera al romperse con facilidad el vidrio.

En la imagen podemos apreciar una combinación de dos tipos nuevos de energía gracias a la tecnología: las placas solares y los aerogeneradores terrestres o turbinas eólicas. Las primeras captan la energía procedente del sol, y los segundos la energía procedente del viento. Ambos recursos naturales son renovables e inagotables.

TAREA 3

Un hotel de próxima apertura decide aplicar el mayor número de tecnologías posibles para ser lo más sostenible y circular, siguiendo las tendencias actuales. ¿Qué medidas podría aplicar en base a las tecnologías expuestas en los contenidos?

4. Resumen

El **turismo circular** focaliza su actividad en los siguientes objetivos:

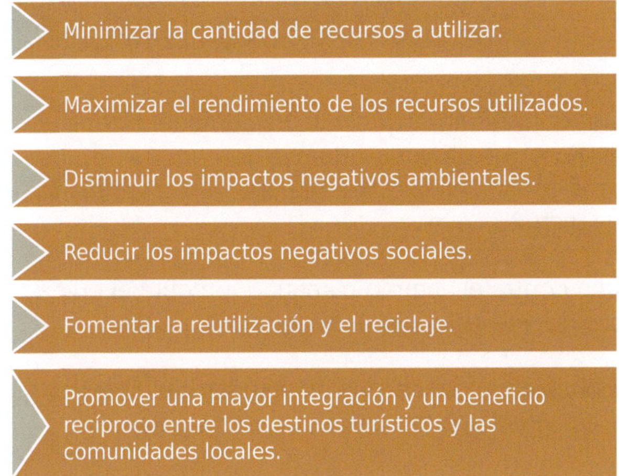

Por otra parte, el turismo circular está inspirado en estos principios:

Y el turismo circular está basado en unos pilares fundamentales denominados 3 P por su procedencia del inglés:

Los beneficios que aporta el turismo circular al patrimonio cultural y natural son los siguientes:

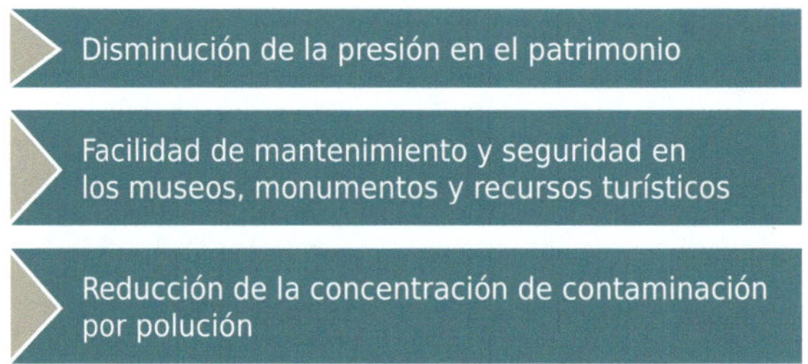

Uno de los grandes retos que trata de combatir el turismo circular es el **cambio climático,** que provoca, además del cambio de clima o el tiempo de los destinos, el cambio en las especies animales y vegetales de algunos ecosistemas de dichos destinos.

Esta lucha contra el cambio climático fomenta el cuidado del planeta y el desarrollo de nuevas oportunidades comerciales.

Las tecnologías que se aplican en el turismo circular, al igual que se aplican en otras actividades económicas, son las siguientes:

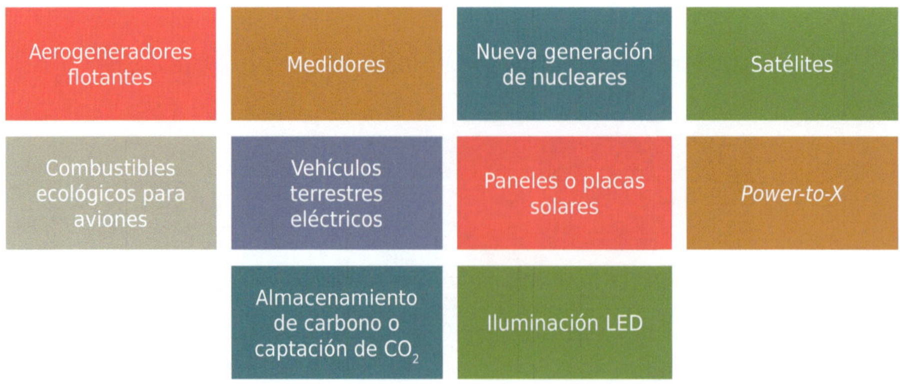

Ejercicios de autoevaluación
Unidad de Aprendizaje 3

1. **El hecho de que un restaurante compre sus productos a los proveedores de la provincia en el que está ubicado, responde al principio de turismo circular:**

   a. Reducción de los residuos
   b. Impulso de la economía local
   c. Diversificación de experiencias
   d. Innovación y tecnología

2. **El hecho de concientizar a los huéspedes de un hotel en separar los residuos, poniendo en sus habitaciones papeleras de diferentes colores y carteles informativos acerca de su importancia, atiende al pilar fundamental del turismo circular:**

   a. *Politics* (política)
   b. *Places* (lugares)
   c. *People* (personas)
   d. *Products* (productos)

3. **El hecho de limitar las visitas de una reserva natural a un número limitado de visitantes al día, ¿qué beneficio aporta a dicho recurso natural?**

   a. Disminución de la presión en el patrimonio
   b. Dificultad de mantenimiento en el recurso turístico
   c. Aumento de la concentración de polución
   d. Aumento de la inseguridad en el recurso turístico

4. **Las turbinas eólicas que se ven en los mares y océanos son:**

   a. Extractores de CO_2
   b. *Power-to-X*
   c. Aerogeneradores terrestres
   d. Aerogeneradores flotantes

5. El hecho de que un destino ofrezca actividades culturales a lo largo de todo el año atiende al principio de turismo circular:

    a. Innovación y tecnología
    b. Inclusión social
    c. Gestión sostenible de los recursos naturales
    d. Diversificación de experiencias

Implantación sostenible y circular

Contenido

1. Conocimiento de las estrategias para la aplicación de la economía circular en el sector turístico en España
2. Identificación de las características de los destinos turísticos inteligentes y circulares

Objetivo

El objetivo general de este Módulo Formativo es:

→ Conocer y utilizar las herramientas que permitan a los establecimientos turísticos aplicar la economía circular y adaptarla al panorama actual del sector tras las condiciones derivadas de la alerta sanitaria.

Conocimiento de las estrategias para la aplicación de la economía circular en el sector turístico en España

Contenido

Objetivos

El objetivo general de esta Unidad de Aprendizaje es:

→ Distinguir las estrategias de la economía circular para aplicarlas en el sector turístico.

Los objetivos específicos de esta Unidad de Aprendizaje son:

→ Conocer la estrategia general de la economía circular para su aplicación en el turismo.

→ Aplicar tecnológicamente las estrategias de economía circular.

1. Introducción

La perspectiva de la economía tradicional o lineal ha quedado obsoleta y existe una clara tendencia hacia la economía circular o la enfocada en la sostenibilidad.

La economía circular cuenta con unas estrategias para ser implementada en el sector turístico, convirtiéndolo en turismo circular o sostenible.

Estas estrategias de la economía circular se pueden implementar en el sector turístico gracias a las aplicaciones, plataformas y programas tecnológicos que facilitan y aceleran esta implantación.

Continuaremos apoyándonos en nuestro hilo conductor de Hotelasa, el pequeño hotel de 50 habitaciones ubicado en un pueblo de 3.000 habitantes. Ubicado en un entorno rural, en una comarca de diez municipios muy pequeños y distanciados entre sí a unos 10 km entre ellos. Este hotel está situado en un antiguo palacio abandonado que ha sido reconstruido y reformado por una cadena hotelera nacional que lo adquirió hace dos años.

2. Estrategia general

☞ HILO CONDUCTOR

Pedro, el nuevo gerente de Hotelasa, debe poner en funcionamiento el hotel dentro de unos pocos meses. Al estar integrado en el sector turístico, debe implementar estrategias de economía circular en su hotel para adaptarse a los nuevos tiempos del turismo circular. Para ello, decide investigar sobre qué estrategias de la economía circular se pueden aplicar en el sector turístico.

La economía circular es el enfoque sostenible que aporta la economía. Este enfoque sostenible se focaliza en la reducción de cantidad de residuos, en minimizar o moderar el consumo de los recursos naturales, maximizar la reutilización y el reciclaje y valorizar o alargar la vida de los materiales y productos. De todo este enfoque sostenible de la economía podemos fraccionar estas **estrategias de la economía circular:**

⮊ **Diseño para la durabilidad:** implica fabricar y producir productos y servicios que sean duraderos en el tiempo, que se puedan reparar y actualizar, prolongando su vida útil y reduciendo la necesidad de reemplazarlos o sustituirlos con frecuencia.

⮊ **Gestión de residuos o 3 R:** reutilización, reciclaje y reducción.

⮊ **Ecodiseño:** esta estrategia implica diseñar, desde el inicio, de modo ecológico, es decir, teniendo en cuenta el tipo de materiales a emplear, la eficiencia energética y la facilidad de desmontaje.

⮊ **Economía de la función:** es una estrategia en la que, en lugar de vender el producto, lo que se ofrece es la posibilidad de acceder a él mediante otras modalidades como el alquiler, el *leasing,* el *renting,* la suscripción, etc.

Por ejemplo, un hotel, en lugar de comprar máquinas lavadoras y secadoras para el departamento de lavandería, puede alquilar este tipo de maquinaria mediante diferentes modalidades o puede subcontratar o externalizar este servicio a lavanderías externas que les realizan el servicio.

⮊ **Extensión de la vida útil:** implica la promoción del arreglo, reparación y mantenimiento del producto, ofreciendo estos servicios de mantenimiento y piezas de repuesto. También implicaría la reducción de la obsolescencia programada, es decir, no fabricar el producto o servicio con la intención de que caduque o se averíe en el tiempo, sin ofrecer repuestos y obligando al consumidor a adquirir un nuevo producto o servicio.

⮊ **Biorrefinerías y valorización de residuos:** consiste en convertir los residuos orgánicos en nuevos productos de valor como el biogás, fertilizantes o productos químicos, pero a través de procesos de biorrefinerías, es decir, hacer productos de valor orgánico o natural.

⮊ **Economía compartida:** se trata de facilitar el intercambio y préstamos de productos y servicios entre las personas y las comunidades. Generalmente, implica que hay una necesidad de adquirir nuevos productos y, por ello, se comparten o intercambian.

Por ejemplo, el sistema educativo ha cambiado y hay que comprar libros escolares nuevos. En un centro educativo, todos los padres adquieren los nuevos lotes que, posteriormente, donarán al AMPA o a un fondo o banco de libros. A partir de ese momento, el alumnado hereda el lote de su actual curso y cuando este finalice, lo entregarán de nuevo a ese fondo de libros. El año siguiente adquirirán prestados los libros de su curso, y así sucesivamente hasta que finalicen su ciclo escolar o vuelva a cambiar el sistema educativo y, en consecuencia, vuelvan a cambiar los libros y haya que cambiar el fondo. Existe una necesidad de comprar libros escolares cada año, pero mediante este método de economía compartida, no es necesario que los padres hagan ese gasto cada año. Solo una vez.

⮊ **Digitalización y plataformas:** consiste en la creación de plataformas para compartir servicios, vender productos de segunda mano ya utilizados, piezas de repuesto o servicios de reparación.

Por ejemplo, en la plataforma de *Blablacar* los usuarios de la comunidad ofrecen los desplazamientos en coche que realizan. Otros consumidores buscan en esos servicios, y si coincide una fecha, hora y trayecto concreto pueden contratarlo. De este modo, en lugar de viajar solo, pueden realizar ese trayecto varias personas compartiendo coche. Además de contaminar menos al viajar todos en un coche, el gasto de gasolina disminuye al ser compartido.

- **Producción local y descentralizada:** esta estrategia trata de promover la fabricación local mediante el consumo de estos productos locales, reduciendo los desplazamientos y transporte de los mismos, minimizando así los costes y la polución generada por la contaminación de los vehículos (camiones, furgonetas, etc.).

- **Educación y sensibilización:** esta estrategia nace de la necesidad de concienciar a todas las partes involucradas en la economía circular (empresarios, trabajadores, consumidores, proveedores, distribuidores, etc.) sobre los beneficios que aporta la misma y sobre cómo cada individuo, desde su papel dentro de la economía, puede contribuir a un mundo y a una actividad más sostenible.

La producción local hace referencia a la producción de proximidad, de modo que los proveedores sean de la zona y así se reduzcan los desplazamientos y la contaminación provocada por los vehículos.

Todas estas estrategias se complementan entre sí, no son excluyentes unas de otras, y se pueden adaptar a las diferentes actividades o sectores económicos, entre ellos, el turismo.

PARA SABER MÁS

Puedes consultar la plataforma de *Blablacar,* vista anteriormente como claro ejemplo de estrategia de economía circular en digitalización y plataformas. Para ello, puedes acceder desde aquí:

https://redirectoronline.com/comt027po1106

En cuanto a la **gestión de residuos o 3 R,** hemos mencionado que son las siguientes:

- ⮑ **Reutilización:** consiste en volver a utilizar un producto ya existente o sus componentes en lugar de desecharlos. El ejemplo más habitual o cercano como consumidores es la donación de ropa a nuestros propios familiares o a contenedores de Cáritas u ONG, que la destinan a personas vulnerables sin recursos.
- ⮑ **Reciclaje:** significa dar una nueva vida a los materiales desechados. Fabricar un producto nuevo partiendo de materiales desechados o residuos, no de materiales nuevos o vírgenes. Por ejemplo, la madera plástica es un material que se obtiene a partir de plástico desechado y fibras de madera como serrín o virutas. Este material se emplea para fabricar mobiliario de jardín y exterior.
- ⮑ **Reducción:** esto es disminuir o minimizar:

  - ⟳ **El consumo:** si se consume menos productos nuevos, se deberá producir o fabricar menos cantidad de productos.
  - ⟳ **Los envases:** si se ofrecen productos a granel, no envasados, estaremos reduciendo los envases desechables. Por ejemplo, un hotel, en lugar de ofrecer en las *amenities* pastillas de jabón envueltas en papel, coloca dispensadores rellenables de jabón junto a los lavabos de los baños.
  - ⟳ **Los gases:** son residuos gaseosos que se eliminan al exterior, en su mayoría, por fábricas e industrias. De ahí que deban optar por

métodos y técnicas en los procesos de fabricación que reduzcan la generación y emisión de gases al exterior.

- **Los residuos:** se deben reducir mediante la reutilización y el reciclaje. En caso de que existan residuos que no se pueden reducir ni por la reutilización ni el reciclaje, se intentarán reducir los mismos mediante técnicas como la incineración, el enterramiento, etc., para que no queden en montañas de vertederos con las consecuencias e impactos negativos sobre el medioambiente.

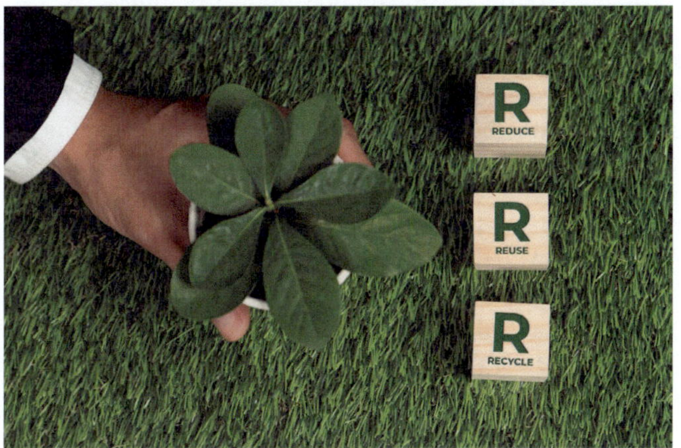

*Las 3 R de la gestión de residuos son la **reutilización** de los productos o bienes, el **reciclaje** de los materiales que están hechos y ya pasan a desechable y la **reducción** de consumo, envases, gases y residuos.*

Cuando una persona dice "yo reciclo", en realidad, lo que hace es, o bien reutilizar cosas, o bien separar residuos para llevarlos a los contenedores. Quienes gestionan estos residuos decidirán si algunos se reutilizan o se reciclan. Realmente, la función de reciclar lo hacen las plantas de reciclaje. Nosotros, como ciudadanos usuarios, simplemente reutilizamos o separamos residuos.

TAREA 4

Estás trabajando en un complejo hotelero ubicado en una playa muy bonita, pero frágil desde el punto de vista medioambiental. Tienes que implementar una estrategia de reutilización, otra de reciclaje y otra de reducción, para minimizar el impacto negativo del hotel y proporcionar una experiencia más sostenible a los huéspedes. Cita una estrategia de cada tipo para alcanzar este objetivo.

Hemos de tener en cuenta que el sector turístico pertenece al sector servicios, por lo que no todas las estrategias de economía circular son aplicables por igual a este sector. No es igual el sector industrial integrado en su mayoría por fábricas que crean productos mediante máquinas, que el sector turístico que presta servicios a los individuos. En el caso del turismo, los turistas reservan o alquilan el derecho a utilizar algo. Es decir, cuando decimos que un viajero ha reservado o comprado una plaza en un medio de transporte, no significa que ha comprado el asiento físico y se lo lleva a su casa, sino que ha reservado el derecho a utilizar ese asiento en un trayecto, en un medio de transporte, en una fecha y hora concretas.

Por tanto, estas estrategias de la economía circular se pueden aplicar perfectamente al sector turístico, aunque unas más que otras. Aquí dejamos algunos **ejemplos de la aplicación de las estrategias de la economía circular en el turismo:**

- **Turismo experiencial:** el turismo experiencial es el resultado de aplicar estrategias de diversificación de productos o servicios para desmasificar algunos recursos turísticos. Ofrecer diferentes experiencias culturales, deportivas, religiosas, naturales, históricas, tradicionales, etc., desmasifican que solo se visite el recurso turístico estrella por excelencia de ese destino.
- **Gestión de residuos:** las empresas turísticas pueden establecer políticas de gestión de residuos en cuanto a reutilización de algunos productos e instalaciones, mantenimiento de los mismos, separación de residuos y reducción de envases desechables.
- **Hoteles sostenibles:** esta estrategia es la de aplicar materiales sostenibles y/o reciclados en su construcción, así como utilizar suministro de energías eficientes, y aplicar estrategias sostenibles en su operatividad de la actividad hotelera.
- **Turismo de baja temporada:** la estrategia de la desestacionalización atiende al hecho de desmasificar los destinos y recursos turísticos a lo largo del año para disminuir la presión que se ejerce sobre ellos, y distribuir los flujos y la carga turística a lo largo del año.
- **Transporte sostenible:** esta estrategia es la de fomentar el uso de vehículos sostenibles como bicicletas, el uso de transporte público o de vehículos eléctricos, así como el uso de vehículos compartidos para disminuir la huella de carbono y la contaminación.
- **Revalorización de sitios y monumentos:** esta estrategia consiste en restaurar, reformar y preservar los sitios, monumentos o recursos turísticos ya existentes, en lugar de construir recursos turísticos nuevos. De esta manera, se pretende atraer a turistas cuya motivación de viaje es el interés en la historia y autenticidad.
- **Economía compartida:** esta estrategia consiste en la creación de plataformas o aplicaciones en las que los individuos comparten sus propiedades,

ofertando un servicio a otro individuo interesado. Es muy usual en el intercambio de alojamientos. Así se reduce la demanda de construcción de alojamientos nuevos. Por ejemplo, desde la perspectiva de la economía compartida surgen plataformas como *Airbnb,* cuyos propietarios ponen a disposición del público un servicio de alojamiento, o *Blablacar,* donde los propietarios de vehículos comparten desplazamientos por carretera compartiendo coche y gastos de gasolina, al mismo tiempo que se reduce la contaminación.

- **Alimentación local y orgánica:** es la estrategia de fomentar la compra a proveedores (ganaderos, agricultores y pescadores) locales de alimentos orgánicos o naturales, por parte de empresas de alojamiento y restaurantes. De este modo, se reduce la huella de carbono al tratarse de desplazamientos cortos y próximos, y se apoya a la economía local. Se deben mencionar también aquellas estrategias que, mediante aplicaciones tecnológicas, permiten calcular y gestionar la comida sobrante en restaurantes y empresas de alojamiento. Muchos ofrecen a los comensales la posibilidad de llevarse lo sobrante en un *tupper.* Además, la comida no cocinada, pero que sobra, como pueda ser todo aquello que está a punto de caducar y es difícil de vender por la proximidad de las fechas, se dona a bancos de alimentos u ONG de la zona que los gestionan para personas de colectivos vulnerables o en riesgo de pobreza.

- **Turismo de proximidad:** esta estrategia trata de fomentar el turismo local y regional. Consiste en atraer al turista cercano. De este modo, se reduce la huella de carbono al reducir los desplazamientos y se fomenta la economía local. También trata de fomentar el turismo por la zona próxima del destino, es decir, que una vez que el turista se ha desplazado al destino, visite los alrededores o zonas próximas para reducir la huella de carbono. Por ejemplo, a veces, nos encontramos con turistas españoles que viajan al extranjero y gastan allí su dinero, cuando ni siquiera conocen o han hecho turismo en su propia comunidad autónoma. Lo mismo pasa con turistas extranjeros que vienen a España, y no conocen sus regiones o estados de procedencia. Por otro lado, si un turista extranjero visita Granada (cultura e historia), Almuñécar (playa) y Sierra Nevada (montaña), no es necesario que se desplace desde Granada a Benidorm (playa) y luego a la zona de la Alcarria (montaña), ya que los tres tipos de recursos los puede visitar haciendo turismo de proximidad.

- **Turismo circular en comunidades locales:** esta estrategia es la de comprometer e implicar a las comunidades locales, haciéndoles ver los beneficios que aporta el turismo planificado y controlado. A su vez, se ha de intentar que parte de los beneficios obtenidos se reinviertan en la mejora de las infraestructuras y servicios locales, para la prosperidad de la comunidad local.

Todas estas estrategias de turismo circular ayudan a un turismo más sostenible, y benefician a los destinos como municipio y como comunidad local, y al medioambiente.

 ## PARA SABER MÁS

Puedes ver un vídeo acerca de un andamio o plataforma elevadora que se instaló para hacer los estudios previos a la restauración de la Universidad de Salamanca. Además de ser un medio auxiliar para trabajos de estudio y documentación, se utilizó para realizar visitas turísticas guiadas, pudiendo el visitante ver la fachada a un metro de distancia y en altura. Aunque este programa se llevó a cabo en 2012, no deja de ser un ejemplo de revalorización monumental. Para verlo, accede desde aquí:

https://redirectoronline.com/ncurz

 ## APLICACIÓN PRÁCTICA

María, la gobernanta de un hotel, tiene orden del director de convertir en trapos para limpieza las sábanas viejas que deberían ser, en principio, desechadas. Ayuda a María a averiguar a qué tipo de estrategia de economía circular corresponde esa norma.

Solución

Dentro de la gestión de residuos se están reutilizando las sábanas viejas prolongando la vida de esa tela al convertirla en trapos para limpieza.

3. Aplicaciones tecnológicas

☞ HILO CONDUCTOR

Pedro, en la gestión de la próxima apertura de Hotelasa, sabe que existen muchas facilidades tecnológicas para poder aplicar las estrategias de economía circular en su hotel. Debe informarse bien sobre qué aplicaciones móviles, plataformas webs, programas informáticos de gestión, etc., existen en el mercado para poder ofrecer a sus clientes servicios rápidos, eficientes y sostenibles.

Las estrategias de economía circular se pueden aplicar o poner en práctica en el turismo circular gracias a la tecnología.

Las **aplicaciones tecnológicas** que ayudan a poner en práctica las estrategias de turismo circular son:

- **Plataformas de intercambio de experiencias:** son aplicaciones y plataformas *online* que permiten el intercambio de experiencias turísticas y consejos locales. De este modo, se fomenta un turismo más auténtico y con menos impacto negativo. Por ejemplo, en la plataforma de *Tripadvisor* (https://www.tripadvisor.es/) la gente intercambia opiniones sobre hoteles, restaurantes, destinos, etc. En un municipio, existe un restaurante muy famoso donde todo el mundo quiere ir a comer cuando, existen otros restaurantes menos conocidos donde también se come bien y a buen precio. Gracias a este tipo de plataformas, los turistas pueden decidir ir a probar otros restaurantes no tan masificados.
- *Marketplaces* **de alojamiento local.** Son plataformas donde los propietarios o anfitriones de alojamientos locales las ofrecen como servicio de alojamiento para la estancia del turista. Por ejemplo, la plataforma *Airbnb* (https://www.airbnb.es/).
- **Aplicaciones de movilidad sostenible.** Son aplicaciones que ofrecen los servicios de transporte sostenible como el alquiler de bicicletas o patinetes eléctricos, así como las rutas de transporte público, sea en autobús, metro o tranvía. Podemos incluir en este grupo desplazamientos deportivos como *kayaks,* canoas, barcos de remo, etc. Por ejemplo, *Turicleta* (https://www.turicleta.com/), que ofrece el servicio de alquiler de bicicletas eléctricas.
- **Realidad aumentada para turismo cultural.** La realidad aumentada proporciona información en tiempo real en monumentos y sitios históricos, brindando una mayor experiencia al visitante y reduciendo la cantidad de folletos o panfletos impresos en papel.

- **Gestión de residuos digitalizada.** Algunos destinos turísticos ofrecen información mediante aplicaciones o mediante las páginas webs de sus ayuntamientos, sobre puntos de recogida de diferentes tipos de residuos: contenedores para papel o cartón, cristal o vidrio, ropa, pilas, aceites usados, así como ubicaciones y horarios de apertura de instalaciones de puntos limpios o servicios de recogida de muebles, frigoríficos o bienes voluminosos. Al mismo tiempo, promueven y conciencian a las personas acerca de la separación de residuos.

- ***Tours* virtuales y experiencias inmersivas.** Son aplicaciones que permiten a los internautas visitar destinos, museos, monumentos u otros recursos turísticos de manera virtual. Esto reduce la necesidad de viajar personalmente y, en consecuencia, el impacto ambiental.

- **Sistemas de reservas inteligentes.** Plataformas de reserva que permiten a la empresa turística, en base a los huéspedes, visitantes, pasajeros, etc., ajustar automáticamente los consumos de energía en cuanto a electricidad, agua, gas, etc., mediante la previsión y control de luminosidad, temperatura, grado de humedad, etc. Esto permite ahorrar recursos naturales.

- **Aplicaciones de apoyo a artesanos locales.** Son aplicaciones o plataformas en las que los viajeros o consumidores pueden adquirir mediante compra los productos artesanales locales que, al tratarse de productos hechos a mano o de forma artesana, son sostenibles, originales y auténticos.

- **Seguimiento de la huella de carbono personal.** Son aplicaciones que ayudan al viajero o consumidor a calcular la huella de carbono personal. Ofrecen consejos y recomendaciones para disminuir la misma y ser más sostenibles.

Existen contenedores de diferentes colores para los distintos tipos de residuos: cartón, vidrio, plástico, orgánico, etc. Además de contenedores para pilas, aceites usados, ropa, etc. existen aplicaciones que indican dónde están situados este tipo de contenedores en cada municipio para que el usuario conozca su ubicación de antemano.

ACTIVIDAD COMPLEMENTARIA

4. Lee la noticia titulada "El Museo Nacional del Prado lanza su primera Visita Virtual en español e inglés" que encontrarás accediendo desde aquí:

https://redirectoronline.com/hott02po0401

A continuación, indica las ventajas e inconvenientes de los *tours* virtuales.

Siempre hemos hablado de tipos de turismo desde una clasificación muy tradicional: turismo de sol y playa, cultural, deportivo, gastronómico, religioso y de negocios. Así como de servicios turísticos básicos como el transporte, el alojamiento y la restauración.

Gracias a la tecnología, la oferta turística es mucho más variada que años atrás. La segmentación de los nichos de mercado es más minuciosa y detallada. Se encuentran nichos muy específicos porque se ofrecen actividades muy específicas. Aquí van algunos **ejemplos de actividades turísticas** que se han desarrollado y se han comunicado a los consumidores gracias a la tecnología:

- **Venta de entradas a espectáculos:** estas entradas ya son electrónicas. El cliente las puede recibir en su *e-mail* o en mensaje de móvil. Se ahorra la impresión en papel, así como el ahorro de tinta o tóner para las mismas.
- **Venta de visitas guiadas:** al igual que el anterior, son entradas electrónicas en las que el cliente necesita el localizador solamente.
- **Experiencias sostenibles:** talleres de artesanía local, recorridos por huertos orgánicos, experiencias de vendimia, recogida de aceituna, experiencias de pesca, etc.
- **Rutas turísticas *ecofriendly* o ecoamigables:** son rutas que muestran al turista puntos de interés ecológico y, a su vez, minimizan el impacto negativo ambiental.

PARA SABER MÁS

Puedes ver un vídeo titulado Turistas que pagan por ir a la vendimia y dónde explican en qué consiste dicha actividad. Para ello accede desde aquí:

https://redirectoronline.com/d586w

4. Resumen

La economía tradicional o lineal desarrolla diferentes estrategias para enfocarse en la sostenibilidad y dando así lugar a la economía circular. Estas estrategias son:

Diseño para la durabilidad	Gestión de residuos o 3 R	Ecodiseño	Economía de la función
Extensión de la vida útil	Biorrefinerías y valorización de residuos	Economía compartida	Digitalización y plataformas
	Producción local y descentralizada	Educación y sensibilización	

Por otra parte, la gestión de los residuos, se basan en los conceptos de las 3 R, es decir:

Las estrategias de la economía circular se pueden aplicar en el sector turístico, dando lugar al turismo circular. Algunos ejemplos de la aplicación de estas estrategias son:

La implementación de las estrategias de la economía circular en el turismo circular ha sufrido un gran desarrollo gracias a las aplicaciones y plataformas tecnológicas como son:

Todas estas aplicaciones y plataformas tecnológicas, que permiten la implantación de estrategias, han favorecido la aparición de nuevas tendencias, así como ha favorecido a que las actividades turísticas existentes se diseñen de manera más sostenible. Los ejemplos de este tipo de actividades turísticas más sostenibles son:

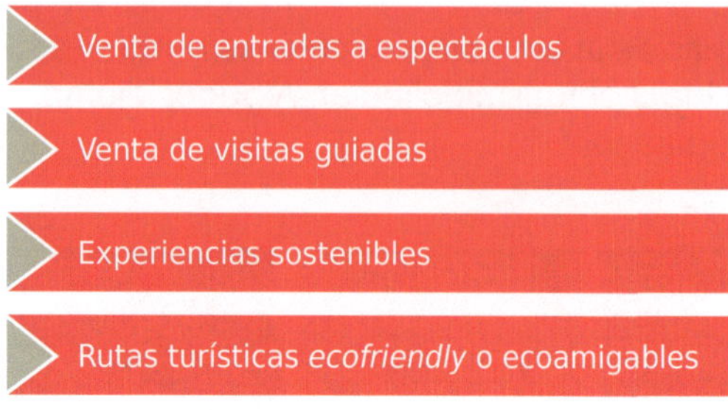

Ejercicios de autoevaluación
Unidad de Aprendizaje 4

1. ¿Qué se entiende por turismo circular?

a. Un modelo económico muy competitivo entre empresas turísticas.
b. Un modelo de turismo que se enfoca en la cantidad de visitantes a un destino.
c. Un modelo de turismo que busca minimizar los impactos medioambientales y potenciar la sostenibilidad a lo largo de toda la cadena de valor de la actividad turística.
d. Un modelo de turismo que solo se enfoca en la temporada alta.

2. ¿Cuál es uno de los objetivos del turismo circular?

a. Aumentar los precios de los servicios turísticos para incrementar los ingresos.
b. Reducir la generación de residuos y el impacto negativo medioambiental en los destinos.
c. Construir nuevas infraestructuras sin tener en cuenta el impacto medioambiental.
d. Aumentar el número de visitantes en los destinos turísticos.

3. ¿Cuál de las siguientes prácticas contribuye al turismo circular?

a. Ofrecer experiencias auténticas y locales que fomentan la cultura y la sostenibilidad.
b. Promover actividades intensivas en el uso de recursos naturales.
c. Utilizar productos desechables en las empresas de alojamiento.
d. Enfocarse en el incremento de ganancias sin considerar aspectos medioambientales.

4. ¿Qué es el turismo de proximidad?

a. Turismo cuya visita dura un solo día.
b. Turismo que se realiza en países lejanos y exóticos.

    c. Turismo basado en la masificación y, por tanto, la proximidad de las personas.

    d. Turismo que promueve la visita a destinos cercanos para reducir la huella de carbono y promover la economía local.

5. ¿Cuál es un beneficio del turismo circular para la comunidad local?

    a. El desplazamiento de los habitantes locales para dejar espacio a los turistas.

    b. La reducción de empleos locales gracias a la automatización y la tecnología.

    c. Nuevas oportunidades de empleo y emprendimiento gracias a la participación activa de la comunidad en la actividad turística.

    d. Aislamiento de la comunidad local para proteger su patrimonio.

Identificación de las características de los destinos turísticos inteligentes y circulares

Contenido

Objetivos

El objetivo general de esta Unidad de Aprendizaje es:

→ Identificar las características de los destinos turísticos inteligentes y circulares.

Los objetivos específicos de esta Unidad de Aprendizaje son:

→ Reconocer los diferentes retos de la economía circular en el sector turístico en España.

→ Conocer los distintos proyectos en los que se pueden encontrar inmersos los destinos turísticos inteligentes y circulares.

1. Introducción

En España existen destinos turísticos muy masificados cuyo flujo turístico tan intenso comienza a impactar de manera negativa tanto en el medioambiente como en la comunidad local.

Hemos hablado previamente de la economía y del turismo circular. Sin embargo, llega el momento de hablar de los destinos como **destinos turísticos inteligentes y destinos circulares.** El destino abarca a las empresas turísticas, a las infraestructuras, a las comunidades locales y a los turistas. Es el punto final y el punto de inicio de toda la actividad turística. La comunidad local como receptora del turismo y los turistas como consumidores de ese destino.

Continuaremos apoyándonos en nuestro hilo conductor de Hotelasa, el hotel de 50 habitaciones en un pueblo de 3.000 habitantes. En un entorno rural, en una comarca de diez municipios muy pequeños y distanciados entre sí a unos 10 km entre ellos. Este hotel está situado en un antiguo palacio abandonado que ha sido reconstruido y reformado por una cadena hotelera nacional que lo adquirió hace dos años.

2. Principales retos de la economía circular en el sector turístico en España

☞ HILO CONDUCTOR

Pedro, el gerente de Hotelasa, está a punto de abrir el hotel en un pequeño pueblo de unos 3.000 habitantes. Se encuentra ubicado en un entorno rural, en una comarca de 10 municipios muy pequeños y distanciados entre sí unos 10 km. El alcalde de dicho pueblo y los alcaldes de los pueblos de alrededor deben reunirse para establecer políticas sobre turismo para que el destino sea sostenible y se aplique la economía circular, y donde no se masifique en exceso para no impactar de manera negativa en el medioambiente. En definitiva, que el turismo no se convierta en una actividad negativa para el municipio, ni para los municipios de alrededor. Pedro va a averiguar las diferentes maneras de hacerlo para presentar propuestas al alcalde.

La implementación de la economía circular en el sector turístico español es muy complicada, debido a la gran variedad de tipos de empresa que presenta este sector: compañías aéreas, ferroviarias, de autocares, empresas de alojamiento (hoteles, hostales, pensiones, cámpines, apartamentos turísticos, casas rurales, etc.), restaurantes, guías de turismo, empresas de actividades de multiaventura, etc. Además de empresas relacionadas con el ocio en sí, pero que se pueden integrar como actividad turística para la persona que no es residente del destino: cines, teatros, bares, festivales o conciertos musicales, ferias, eventos, etc.

Lógicamente, no es igual el conjunto de medidas sostenibles que debe adoptar respecto a la contaminación o polución una compañía aérea que las que debe adoptar un *camping,* por la actividad que la empresa desempeña de por sí.

Por este motivo, la implantación de la economía circular en el turismo presenta muchos **retos:**

- ⮥ **Conciencia y cambio cultural:** el mercado está integrado tanto por la oferta (empresas que ofrecen productos y servicios) como por la demanda (personas que solicitan y consumen estos bienes y servicios). Las empresas y los turistas deben tomar conciencia sobre la sostenibilidad, optar por medidas y estrategias más sostenibles y no anclarse en prácticas obsoletas y arraigadas en el pasado. La economía lineal está dando paso a la economía circular. Los destinos inteligentes y/o circulares deben soltar las prácticas tradicionales de la economía lineal. Para ello es necesaria la formación y educación de empresarios, trabajadores y turistas.
- ⮥ **Gestión de residuos:** este reto es más difícil en los destinos masificados. Se necesita implantar sistemas de recolección de basura, reciclaje y contenedores de residuos diversos. De este modo, el destino reducirá la contaminación y maximizará el aprovechamiento de los recursos materiales, al reaprovechar las materias desechadas reciclándolas de nuevo.
- ⮥ **Uso eficiente de los recursos naturales:** se deben aplicar sistemas y estrategias que maximicen el uso del agua y de las energías minimizando el impacto ambiental. De ahí las estrategias de utilizar energías renovables y reducir el consumo de agua.
- ⮥ **Infraestructuras sostenibles:** las empresas del destino, turísticas y no turísticas, deben adoptar principios y valores de sostenibilidad y economía circular. Para ello se necesitan cambios en las prácticas de construcción y mantenimiento así como inversiones privadas y ayudas gubernamentales.
- ⮥ **Colaboración intersectorial:** al tratarse el sector turístico de un entramado de empresas variadas de distinto índole, la economía circular precisa de la colaboración y cooperación de todos los agentes intervinientes,

además de los gobiernos, las ONG y la comunidad local del destino. Esta coordinación es necesaria para alcanzar entre todos un objetivo común.

- **Medición y seguimiento:** en la planificación de la economía circular, tanto a nivel de empresa como a nivel de destino, se deben diseñar instrumentos que permitan medir si se están cumpliendo los objetivos de sostenibilidad y, en caso de detectar errores en el proceso, poder tomar decisiones para corregir la desviación detectada. Es necesario medir y hacer seguimiento del impacto ambiental y del social de la actividad turística.

- **Innovación tecnológica:** es necesario el uso de las nuevas tecnologías, en cuanto a adquisición de productos inteligentes, así como el uso de las TIC o tecnologías de la información y comunicación, como medio de comunicación y publicidad, para hacer llegar la información a proveedores y consumidores, y así aplicar soluciones innovadoras. Todas estas acciones pueden necesitar de inversiones económicas y, lo más importante, el cambio en la mentalidad empresarial. La actitud y el querer hacer es vital para el impulso que requiere el turismo circular.

- **Estacionalidad:** junto con la saturación son dos de los retos más difíciles. En España hay destinos que se masifican en unas temporadas concretas, pero que quedan vacíos el resto del año. Es necesario buscar actividades para que esa masificación se diluya en el tiempo de manera que no se masifique tanto en unas fechas y sea un flujo de turismo más moderado durante todo el año.

  Por ejemplo, en España es típico que se masifiquen ciertos destinos de turismo de sol y playa quedando el resto del año solo con su población residente. Existen destinos de nieve cuya actividad principal se produce en invierno, pero ofrecen rutas de senderismo o naturaleza durante su temporada baja.

- **Saturación:** es la masificación en un punto turístico concreto, mientras que otros, también cercanos, no reciben visitas.

  También se puede dar con destinos principales y secundarios.

  Por ejemplo, un destino tiene una catedral muy conocida y visitada, mientras que cuenta con más iglesias, museos o recursos turísticos que no se promocionan y, por tanto, no son visitados. En este caso, se trata de adoptar estrategias para promocionar esos puntos para que sean visitados y diluir al flujo de turistas en el espacio próximo del destino.

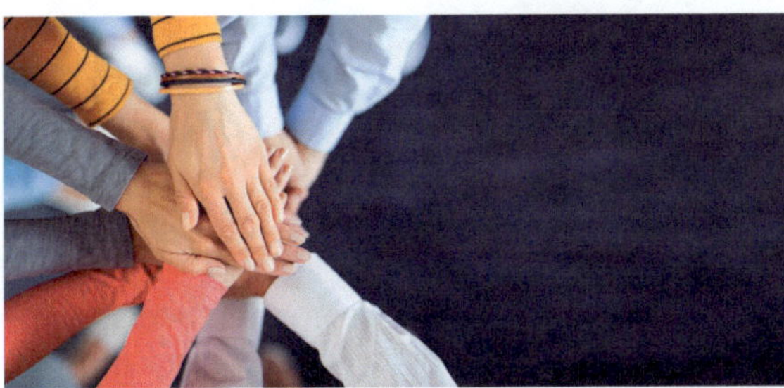

La cooperación, colaboración y coordinación de todos los agentes participantes e intervinientes es vital para que se alcance el objetivo común como comunidad local y destino que persigue alcanzar la economía y el turismo circular.

APLICACIÓN PRÁCTICA

Un municipio costero de España triplica la plantilla de barrenderos de calles en la temporada de verano. ¿A qué tipo de reto se enfrenta la economía circular en este destino turístico mediante esta acción?

Solución

El mantenimiento de la limpieza de las calles es una acción que entra dentro de la gestión de residuos.

Los destinos turísticos inteligentes y circulares deben alcanzar los objetivos plasmados en la **Agenda 2030,** que es una estrategia mundial que marca los siguientes ODS u **Objetivos de Desarrollo Sostenible:**

1. **Fin de la pobreza.** Erradicar la pobreza en el mundo, comenzando cada uno por su comunidad próxima.
2. **Hambre cero.** Erradicar el hambre en el mundo. En el sector hotelero y de restauración, muchas empresas emprenden acciones para optimizar la comida mediante menús planificados con mismos ingredientes

guisados de manera diferente, y para reducir desperdicios ofreciendo el sobrante a los propios comensales para llevárselo a casa o donando comida que está a punto de caducar y que, por el motivo que sea, no le pueden dar salida en sala.

3. **Salud y bienestar.** Ofrecer menús y actividades turísticas más saludables.
4. **Educación de calidad.** Este objetivo compete principalmente al sistema educativo y de formación.
5. **Igualdad de género.** En el sector turístico, al igual que en el resto de sectores, se debe apostar por la igualdad de género contratando ratios determinadas de mujeres y hombres, favoreciendo la conciliación familiar en el trabajo, eliminando la brecha salarial, etc.
6. **Agua limpia y saneamiento.** Mejorar la calidad del agua que se consume y del agua que se disfruta. Por ejemplo, en España, muchos destinos turísticos presentan sus playas para que sean declaradas Playa con Bandera Azul. Para ello, uno de los requisitos es que la calidad del agua para el baño sea buena. En muchos municipios se controla dicha calidad en lagos, lagunas, pantanos, ríos y aquellos lugares humedales donde los visitantes van a disfrutar de un rato de baño.
7. **Energía asequible y no contaminante.** Las empresas que comercializan los suministros energéticos deben apostar por que su procedencia sea de energías renovables y limpias, y el resto de empresas, entre ellas, las turísticas, así como los destinos turísticos, deben consumir ese tipo de suministros procedentes de dichas energías.
8. **Trabajo decente y crecimiento económico.** Fomentar las condiciones laborales decentes y humanas en cuanto a horarios, descansos, sueldos, etc., y permitir el crecimiento de la economía en todos los países para que se puedan desarrollar.
9. **Industria, innovación e infraestructura.** Hay que seguir fabricando y creando productos y servicios, pero desde una perspectiva de la reutilización, el reciclaje y la reducción para prolongar la vida útil de los productos y servicios y no agotar los recursos naturales que son escasos.
10. **Reducción de las desigualdades.** Como raza humana hay que reducir las desigualdades que podemos encontrar por razón de sexo, raza, religión, clase social, capacidades sensoriales, etc., intentando la inclusión plena de los individuos. En este aspecto, hay empresas turísticas y destinos que intentan ser lo más accesible posibles para que todo el mundo cuente con la posibilidad de visitar recursos turísticos (museos, teatros, iglesias, etc.), acceder a las empresas turísticas de alojamiento, restauración y transporte público.
11. **Ciudades y comunidades sostenibles.** Estos deben apostar por la sostenibilidad en todos sus servicios: gestión de residuos y de aguas residuales, accesos por carretera, ferroviarios, portuarios, aeroportuarios, potabilización del agua consumible, etc.
12. **Producción y consumo responsables.** No solo a nivel de industria, sino de ganadería, pesca, agricultura y cualquier otro sector, las empresas

deben producir de manera moderada y responsable. A su vez, los consumidores y usuarios deben consumir los productos de manera moderada, sin caer en el consumismo incontrolado, para ello, se utilizarán las estrategias de reutilización, reciclaje y reducción evitando la generación de residuos.

13. **Acción por el clima.** Tomar todas las medidas y estrategias enfocadas a mejorar el clima y luchar contra el denominado cambio climático o calentamiento global.

14. **Vida submarina.** Compete a todas las empresas que trabajan en el mar: desde pescadores a empresas de alquiler de motos acuáticas u otras actividades que se realizan en el mar (*kayak, vela, surf, windsurf,* etc.). Todas han de velar por cuidar la vida marina y no estropear sus ecosistemas.

15. **Vida de ecosistemas terrestres.** Todas las empresas cuya actividad se desarrolla en la naturaleza terrestre deben velar por los ecosistemas de la misma. Ganaderos, cazadores, agricultores, empresas de actividades de senderismo, rutas guiadas por la naturaleza a caballo, en bicicleta, etc., deben ser sostenibles para cuidar la vida de los ecosistemas terrestres y que su actividad no impacte de manera negativa en los mismos.

16. **Paz, justicia e instituciones sólidas.** Este objetivo trata de alcanzar estos pilares de manera fuerte y consistente. Los países deben contar con sistemas judiciales que no se tambaleen cada vez que cambian de gobierno, procurando seguridad a sus ciudadanos. Debe reinar la paz para que la convivencia entre individuos sea cordial, correcta y armoniosa. Las instituciones deben proporcionar servicios seguros y de garantía a sus conciudadanos.

 **TAREA 5**

El ayuntamiento de un destino de playa en España ha decidido contratar 30 socorristas para sus playas y 20 monitores para diversas actividades al aire libre. Esta contratación se va a efectuar mediante bolsa de empleo. Uno de los requisitos es la paridad entre hombres y mujeres para cada tipo de puesto (socorristas y monitores) y estar empadronados en dicho municipio, al menos, los últimos 24 meses.

¿Qué objetivos de la Agenda 2030 cumple esta acción? Razona tu respuesta.

Si estamos hablando de destinos turísticos inteligentes y circulares no podemos olvidar el programa **SICTED** o sistema integral de calidad turística en destinos. Tal como dicen en su propia página web: "es un proyecto de mejora de la calidad de los destinos turísticos promovido por la Secretaría de Estado de Turismo (SETUR), con el apoyo de la Federación Española de Municipios y Provincias (FEMP), que trabaja con servicios turísticos de hasta 37 oficios diferentes, con el objetivo último de mejorar la experiencia y satisfacción del turista".

Buscando la calidad de los destinos turísticos se topa con materias como la sostenibilidad, el turismo circular y los demás conceptos que estamos estudiando.

 ## PARA SABER MÁS

Puedes visualizar toda la información acerca del programa SICTED accediendo desde aquí:

https://redirectoronline.com/hott02po0501

Otro proyecto en marcha es el **DTI** o **Destinos Turísticos Inteligentes.**

Como bien dicen en su web: "el programa Destino Turístico Inteligente es un proyecto promovido por la Secretaría de Estado de Turismo (SETUR) y gestionado por la Sociedad Mercantil Estatal para la Gestión de la Innovación y las Tecnologías Turísticas (SEGITTUR), que persigue contribuir a mejorar la competitividad de los destinos turísticos y la calidad de vida de sus residentes incidiendo en cinco ámbitos de actuación". Estos ámbitos de actuación son:

- **Gobernanza:** debe ir enfocada a cumplir y mantener este objetivo, es decir, que el destino turístico tenga la característica de inteligente y/o circular. Para ello, los ayuntamientos, junto con las diputaciones y las comunidades autónomas, gestionarán el municipio de manera que todas las políticas y estrategias contribuyan a que las empresas y organismos sigan las mismas directrices.

- **Sostenibilidad:** un destino turístico inteligente debe velar por el cuidado del medioambiente, permitir el desarrollo económico y social del mismo.
- **Accesibilidad:** el DTI debe ser accesible a todas las personas y debe ofrecer a todos los individuos la posibilidad de ser visitado.
- **Innovación:** el DTI debe implementar estrategias, actividades e ideas innovadoras rompiendo con la economía tradicional y lineal buscando maneras diferentes para ofrecer calidad, al mismo tiempo que cuida del medioambiente y de su comunidad local.
- **Tecnología:** para optimizar los ámbitos anteriores es imprescindible contar con la tecnología. Los métodos tradicionales, físicos y analógicos no aportan soluciones rápidas, seguras y actualizadas.
  Por ejemplo, un plano de la ciudad en *GoogleMaps* está más actualizado, ofrece más información y la posibilidad de interactuar a la hora de buscar puntos de interés, que los tradicionales planos de papel que, además del gasto del mismo, la información, una vez impresa, no se puede actualizar y el visitante no pueden interactuar con ese plano.

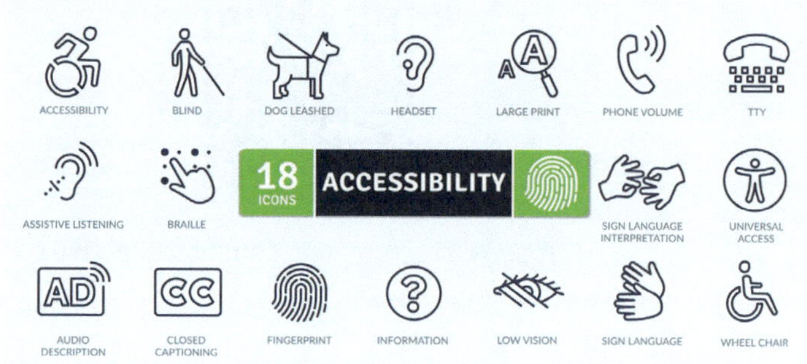

Cuando se habla de accesibilidad no solo hablamos de eliminar las barreras arquitectónicas, sino de permitir el acceso a lugares, información y dispositivos tecnológicos a todas las personas cuyas habilidades y/o capacidades sensoriales no están plenamente desarrolladas.

 ## PARA SABER MÁS

Si deseas saber más sobre los Destinos Turísticos Inteligentes (DTI) puedes hacerlo accediendo desde aquí:

Continúa en página siguiente >>

<< Viene de página anterior

https://redirectoronline.com/hott02po0502

ACTIVIDAD COMPLEMENTARIA

5. Lee la noticia titulada "Toledo digitaliza la red de senderos homologados" que encontrarás accediendo desde aquí:

https://redirectoronline.com/hott02po0503

A continuación, indica qué ventajas aporta esta iniciativa como destino inteligente y circular.

---

3. Resumen

El sector turístico español presenta la complejidad de que está integrado por una gran variedad de empresas de alojamiento, de transporte, de restauración y de actividades turísticas varias, además de las empresas de actividades de ocio que, en su mayoría, también se pueden englobar dentro de la actividad turística.

Visto de este modo, la economía circular presenta muchos **retos** a la hora de aplicarse en el turismo:

Los destinos que quieren ser turísticos y, además, inteligentes y de economía circular, deben perseguir los Objetivos de Desarrollo Sostenibles expresados en la mundial Agenda 2030. Estos son:

Además de la Agenda 2030, hemos estudiado el programa **SICTED** o sistema integral de calidad turística en destinos, que persigue la calidad en los destinos turísticos, teniendo en cuenta aspectos de sostenibilidad y economía circular. Por último, hemos aprendido acerca del **proyecto DTI o Destinos Turísticos Inteligentes** que se aplica en los destinos en cinco ámbitos de actuación:

Ejercicios de autoevaluación
Unidad de Aprendizaje 5

1. **El reto del turismo circular que define la masificación concentrada en unas fechas de temporadas concretas es el reto de...**

    a. ... uso eficiente de los recursos naturales.
    b. ... conciencia y cambio cultural.
    c. ... infraestructuras sostenibles.
    d. ... estacionalidad.

2. **El reto de la concentración de turistas en un punto de visita o en un destino principal único se denomina:**

    a. Gestión de residuos
    b. Infraestructuras sostenibles
    c. Saturación
    d. Innovación tecnológica

3. **La acción de potabilizar el agua en aquellos municipios donde la calidad de esta no es muy buena, atiende al siguiente Objetivo de Desarrollo Sostenible de la Agenda 2030 :**

    a. Fin de la pobreza
    b. Hambre cero
    c. Agua limpia y saneamiento
    d. Acción por el clima

4. **La acción de obtener los suministros energéticos de energías renovables atiende al ODS de la Agenda 2030:**

    a. Energía asequible y no contaminante
    b. Acción por el clima
    c. Industria, innovación e infraestructura
    d. Trabajo decente y crecimiento económico

5. **La eliminación de barreras arquitectónicas en los destinos turísticos inteligentes, incide en el ámbito de actuación de la...**

    a. ... gobernanza.
    b. ... sostenibilidad.
    c. ... innovación.
    d. ... accesibilidad.

Glosario

Calidad

Actividad que consiste en evitar el error en el proceso, utilizando todas las herramientas de detección de errores y, en consecuencia, su corrección antes de finalizar dicho proceso.

Carbono

Elemento químico que se enlaza con otros átomos de carbono u otros elementos químicos para formar compuestos. En sostenibilidad, cuando se habla de carbono, en la mayoría de los casos se está hablando del CO_2 (dióxido de carbono), compuesto perjudicial para la atmósfera y el agua, ya que reduce el oxígeno, al necesitarlo para crear el CO_2.

Circular

Con forma redonda o de círculo. En la economía circular se refiere a que todo lo creado, producido o fabricado debe volver o retornar, de alguna manera, a su origen. De aquí surge el concepto de las 3R en sostenibilidad: reutilizar, reciclar y reducir.

Colaboración

Actuar de manera conjunta un grupo de personas, empresas, organizaciones, instituciones, etc., creando alianzas o acuerdos para beneficiar a todas las partes intervinientes.

Comunidad

Conjunto de personas que viven en un municipio, provincia, región o zona determinada, dependiendo del ámbito geográfico que estemos abarcando, bajo un conjunto de normas, directrices, pautas o leyes establecidas.

Diversificación

Estrategia por la que se pretende ampliar la variedad de la actividad principal con actividades secundarias o alternativas, consiguiendo así la desestacionalización y/o desmasificación de un destino.

Estrategia

Conjunto de reglas, pautas o directrices establecidas en una empresa u organización en las que se basa la toma de decisiones en la misma.

Inclusión

Introducción e integración de todos los individuos por igual en la sociedad. Permitir el acceso a todos los bienes y servicios de todos los individuos, independientemente de aspectos como su raza, sexo, religión o condiciones físicas o psíquicas.

Infraestructura

Es el conjunto de recursos económicos, materiales y humanos que se necesitan para el correcto funcionamiento de una ciudad u organización. En el caso del turismo, para el funcionamiento de las empresas y destinos turísticos.

Patrimonio

Legado o bienes materiales o inmateriales que hereda una comunidad para su disfrute. Debe ser protegido por la comunidad presente para que pueda ser transmitido y disfrutado por las generaciones futuras.

Proveedor

Persona o empresa que suministra bienes o servicios para facilitar el desarrollo de la actividad de una empresa.

Reducción

Disminuir, contraer o restringir al mínimo la producción, fabricación y/o el residuo que provoca.

Renovable

Algo, en nuestro caso, energía, que se puede hacer o crear de nuevo. La energía renovable es aquella procedente de fuentes naturales inagotables como el sol o el viento y se puede estar produciendo de manera constante.

Residuo

Desperdicio, sobrante, basura, resto, remanente, etc., que puede ser de diferentes materiales. De ahí la necesidad de gestionar los residuos dependiendo del tipo de material que sea.

Sensibilización

Es el proceso por el que se intenta que la población o el conjunto de la ciudadanía reaccione de manera visible y activa ante un hecho o idea determinada que, *a priori,* tiene una connotación negativa.

Sinergia

Acción conjunta de varias personas, empresas o instituciones para alcanzar un objetivo común, beneficiándose conjuntamente.

Sostenible

Relacionado con la ecología, la naturaleza, lo "verde", teniendo en cuenta los aspectos económico y social de la comunidad receptora. En el caso del turismo, es sostenible aquel que tiene en cuenta el cuidado del medioambiente, el desarrollo económico y social de la comunidad del destino.

Tecnología

Conjunto de conocimientos, herramientas o técnicas empleadas en un sector específico.

Transporte

Actividad consistente en desplazar a algo o alguien desde un punto de origen a uno de destino, en un medio de transporte: barco, avión, tren, camión, etc.

Vida útil

Durabilidad de un producto mediante el uso normal y adecuado de este. Por ejemplo, en prendas de ropa suele ser el número de lavados, en un aparato eléctrico, el número de usos, etc.

Bibliografía

Textos electrónicos, bases de datos y programas informáticos

→ Economía circular: definición, importancia y beneficios, de: <https://www.europarl.europa.eu/topics/es/article/20151201STO05603/ economia-circular-definicion-importancia-y-beneficios#:~:text=La%20 econom%C3%ADa%20circular%20es%20un,de%20los%20productos%20 se%20extiende>

> El Parlamento Europeo cuenta con un blog de noticias sobre diferentes áreas y ámbitos.

→ Guía práctica para la aplicación de la economía circular en el sector turístico en España, de: <https://www.segittur.es/sala-de-prensa/informes/guia-practica-para-la-aplicacion-de-la-economia-circular-en-el-sector-turistico-en-espana/>.

> Segittur es la Sociedad Estatal Española para a la Gestión de la Innovación y las Tecnologías Turísticas, dependiente de la Secretaría de Estado de Turismo, dentro del Ministerio de Industria, Comercio y Turismo.

→ Objetivos de Desarrollo Sostenible / ODS, de: <https://www.mdsocialesa2030.gob.es/agenda2030/index.htm>.

> El Ministerio de Derechos Sociales y Agenda 2030 es un ministerio del Gobierno de España en la actualidad.

→ Sellos de Calidad Turística: qué son y para qué sirven, de: <https://www.campingscomunidadvalenciana.es/sellos-de-calidad-turistica-que-son-y-para-que-sirven/>.

> La Federación de Campings de la Comunitat Valenciana agrupa a varias asociaciones provinciales de campines de las provincias de Castellón, Valencia y Alicante desde 1999.

→ Tecnología para impulsar la economía circular, de: <https://www.lavanguardia.com/economia/20220227/8086430/tecnologia-impulsar-economia-circular.html>.

La *Vanguardia* es un periódico en formato de papel y digital que informa sobre diferentes aspectos de interés social, en este caso, el económico.

→ Tecnologías emergentes para una economía circular, de: <https://www.bbvaopenmind.com/economia/economia-global/tecnologias-emergentes-para-una-economia-circular/>.

BBVA es una entidad bancaria que cuenta con el blog OpenmindBBVA, en el que publica artículos sobre diversos temas relacionados con la economía.

→ Turismo circular: cómo favorece al patrimonio cultural, de: <https://igeca.net/blog/512-turismo-circular-como-favorece-al-patrimonio-cultural#:~:text=El%20turismo%20circular%20es%20un,como%20de%20las%20comunidades%20receptoras>.

El Instituto de Gestión Cultural y Artística se erigió en 2013 como la primera escuela de negocios especializada en la formación *online* de las industrias culturales y creativas.

→ ¿Qué son los sellos de calidad y qué tipos existen en el mundo de la seguridad?, de: <https://igeca.net/blog/512-turismo-circular-como-favorece-al-patrimonio-cultural#:~:text=El%20turismo%20circular%20es%20un,como%20de%20las%20comunidades%20receptoras>.

Movistar Prosegur Alarmas es una empresa integrada por dos grandes empresas: Movistar, que es una empresa de telefonía dedicada a la tecnología y medios de conexión, y Prosegur, que es una empresa dedicada a la seguridad. Han aunado fuerzas para ofrecer sistemas de seguridad muy avanzados en el mercado.

→ ¿Qué tecnologías aportarán nuevas soluciones en la lucha contra el cambio climático en 2022?, de: <https://www.santander.com/es/stories/que-tecnologias-aportaran-nuevas-soluciones-en-la-lucha-contra-el-cambio-climatico-en-2022#:~:text=La%20expansi%C3%B3n%20de%20los%20autom%C3%B3viles,clim%C3%A1tica%20que%20sufre%20el%20planeta>.

El Banco Santander es una entidad bancaria que ofrece servicios financieros, pero cuenta con un blog donde publican artículos acerca de economía y todo aquello que pueda afectar a la misma.